时代赋能

民族体育融入
当代学校体育教育发展研究

林国鹏 著

中国纺织出版社有限公司

内 容 提 要

本书先从当代学校体育以及民族体育入手，指出了民族体育融入学校体育教育的必要性、意义生成和价值体现，探索其合理性。之后从体育教学内容、体育课程、体育训练、学校课余体育活动四个方面入手阐述民族体育在学校体育教育的发展，并以学校体育教育内容与民族体育内容的结合为重点，探索民族体育与体育教育的融合，挖掘更多的融合点，促进民族体育的传承与创新。

本书对从事体育教学的一线教师以及体育教育研究者、广大体育爱好者有一定的参考价值。

图书在版编目（CIP）数据

时代赋能：民族体育融入当代学校体育教育发展研究 / 林国鹏著 . -- 北京：中国纺织出版社有限公司，2023.7

ISBN 978-7-5229-0809-0

Ⅰ . ①时… Ⅱ . ①林… Ⅲ . ①民族形式体育－体育教育－研究－中国 Ⅳ . ① G852.9

中国国家版本馆 CIP 数据核字（2023）第 143933 号

责任编辑：赵晓红 责任校对：王蕙莹 责任设计：晏子茹 责任印制：储志伟

中国纺织出版社有限公司出版发行
地址：北京市朝阳区百子湾东里 A407 号楼 邮政编码：100124
销售电话：010—67004422 传真：010—87155801
http://www.c-textilep.com
中国纺织出版社天猫旗舰店
官方微博 http://weibo.com/2119887771
天津千鹤文化传播有限公司印刷 各地新华书店经销
2023 年 7 月第 1 版第 1 次印刷
开本：710×1000 1/16 印张：15.25
字数：197 千字 定价：99.90 元

前　言

　　在我国，由于汉族人口较多，所呈现出的地域性以及民族色彩相对来说不够明显，所以"民族"往往是一种用以对少数民族的称呼。"民族体育"往往是指少数民族的传统体育活动内容，主要针对少数民族群体。但是，从国际上所流行的现代体育来看，我国的"民族体育"应该是在中国人民居住、生活的地区开展的，且具有中华民族传统文化特色的体育活动总称。可以说，民族体育是人类社会生活中比较重要的组成部分，同时也是滋生现代化竞技活动项目的"沃土"，纵观世界体育史的整体进程，许多风靡全球的体育运动项目最初都是由民族体育发展而成。当今世界上流行着形形色色的体育活动形式，在刚开始时仅仅是局限在某一个区域或者少数的几个民族之中，最终，逐渐为世界各国、各个民族所接受，并且成为全人类共有的体育文化财富。在国外，相当一部分发达国家对民族体育展开了长期的钻研、推广，使民族体育渐渐融入大众闲暇娱乐生活中，所以可以毫不夸张地说，民族体育是当代世界上所流行的国际体育之母。

　　中华民族传统体育代表了古老的东方保健模式与体系，是中华文明的有机组成部分。而当代学校体育教学中，教育者应重点思考的主要内容就是中华民族体育中适合开展的有哪些部分。既包括了各族群众喜闻乐见的民间游戏，也包括了一些少数民族的经典传统竞技活动，更多的是各民族中普遍开展的活动项目。总的来说，民族体育是指中华民族大家庭中世世代代相传的体育活动。

　　本书内容层层递进，构思严谨，语言深入浅出，对民族体育融合当代学校体育教育发展进行了系统研究，以期对当代学校体育教育人员有所帮助。由于笔者精力有限，难免存在一些不足，敬请广大读者批评、指正！

林国鹏

2023 年 3 月

目 录

第一章　当代学校体育总论

民族体育属于体育活动中比较基础的存在，同时又蕴含着浓厚的民族传统文化，属于艺术与运动交叉的形式，主要研究民族体育与当代学校体育教育的结合，具有比较强的实践性。

文章对当代学校体育教育进行论述，就当代学校体育的概论进行了阐述，帮助读者对民族体育融合当代学校体育教育发展形成初步认识。

第一节　体育及学校体育概论

体育是社会主义时代背景下现代化建设事业的主要组成部分，对增强人民的身体素质，培养人民良好的心理素质及道德品质等有着很重要的作用。如今，在新形势之下，更是凸显出了体育的特殊功效。

一、体育的概论

在 19 世纪 60 年代，由西方传入了"体育"这一词，我国对体育内涵的理解、认识有一个过程，同时也出现了多种多样的解释。《体育史》中认为体育的含义应该分为最广义、次广义和狭义。最广义主要是指日常饮食起居卫生及运动都属于"体育"；次广义主要是指凡是属于运动，无论是有意识的还是无意识的，只要是运动躯体的，都属于"体育"；狭义主要是指遵守一定的秩序以及方式而运动，侧重于专为身体方面的锻炼。

近年来，随着社会的进步以及体育实践的不断发展，在出现了体育教育、竞技运动及身体锻炼这三个既有一定区别，又互为联系的内容体系，并且逐渐形成与体育文化并列的新体系之后，根据我国体育发展的规律及特点，结合多次的学术研讨以后，学界对体育形成了一个比较统一的解释。广义：体育是社会活动以及人类生存的必然需要，依据人体生长发育、机体机能提高的规律，以各项运动为基本的手段，从而达到发展身体、增强体质，丰富社会生活，为发展经济以及政治服务为目标的身体运动，通常来说简称为"体育活动"。狭义：体育是教育事业中比较重要的组成部分，是全面发展学生身体素质，增强学生体质，传授学生体育知识、技能，有效培养学生良好道德品质与意志品质的有组织、有计划的教育过程，即体育教育。但是必须指出的是体育概念并不是一成不变的，而是随着社会的不断进步与发展和人们对于体育的认知逐步深化。

二、体育的产生

早期的人类并不懂得如何耕种，他们过着渔猎生活，以狩猎、采集植物果实等维持着基本的生活。人类在求生存的争斗之中，逐步发展了走、跑、跳等多种多样的生活技能，如今各种体育运动项目都与走、跑、跳等技能有关，并且人们以此为基础，组成了各项体育运动项目。早期的人类社会中，"人少而禽兽众"的问题存在，在围捕或者防御凶猛野兽侵袭时，人们直接徒手或者用棍棒与其搏斗，这样一来，就形成了徒手的、器械的攻防格斗技能。

原始社会末期，部落之间为了争夺地盘，或者为了复仇等经常发生战争，原来被用于生产劳动的石器，在部落战争中被当作兵器。通常，在围捕猛兽时形成的格斗技术，在战争中则被用作进攻或者防守，战争在无形中又促进了器械的使用与发展，武器就是在长期的生产劳动以及军事斗争中逐渐形成，并随着时间的推移进行完善、发展。

　　古人为了长期生存，在采集野果时需要攀山爬树，所以就渐渐学会了攀爬的技能。为了捕鱼掌握了如何在水中浮沉的技能，就渐渐形成了最早的游泳技术。人类在日常劳动的过程中，智力得到不断发展，古人将树枝折弯，用麻、藤等制作成弦、弓，将棍棒削细并做成箭，这就是早期人类所使用的弓箭。

　　综合上述内容足以看出，如今的体育形成主要来自生产劳动，体育主要是根据人类生活以及人类社会活动的日常需要逐渐产生。随着人类社会的演变以及进步，生产活动、生产方式等逐渐变得更加复杂，原先最简单的模仿生产以及自然学习的技能方式已经无法满足社会发展实际需求，所以迫切需要一种新的形式。这样一来，人类最初的、有组织的训练活动也就应运而生，这一过程实际上就是教育。原始社会的语言不够发达，教育的目的主要是通过一些运动形式而实施的，以身体活动为方式进行教育，这是原始社会教育的主要特征。从某种意义上来讲，原始社会的教育就是体育，或者说教育越古老，那么其体育成分也就越大。

三、体育的组成

　　随着科学技术的高速发展，体育的内涵变得更加丰富，体育的外延实际上也日益扩大，这也就是教育的最终目的和对象，竞技体育、学校体育及社会体育三个体系包含了体育所涉猎到的全部范围，或者可以说当代体育主要是由这三部分组成。

（一）竞技体育

　　竞技体育又被称为竞技运动，竞技体育是在提高身体素质的基础之上，最大限度发挥、提高人类体格、身体能力以及运动能力等方面的潜力，旨在为创造优异成绩而开展的科学训练以及有关竞赛活动。竞赛是体育活动的显著特点，如今在奥林匹克运动的推动之下，竞技体育已经有了 50 多种运动项目用于国家比赛。竞技体育的技艺高超，且竞争性极强，极易吸引广大群众，故而被作为一种极富感染力且易于传播的精神力量，有着无可替代的教育意义。

（二）学校体育

教育乃国之根本，是有效提高国民整体素质教育的根本所在，学校体育作为教育事业中比较重要的一个组成部分，对于有效增强学生身心健康发展，提高学生综合素质等方面有着重要作用。学校体育按照不同的教育阶段以及年龄特征，通过体育课程、体育竞赛、课外体育锻炼以及课余体育训练等急性的形式组织，全面落实学校体育教育的各项活动与任务。竞技体育的后备人才主要来源于学校内，所以学校体育是向学生们普及体育技能，并提高其体育素养的结合部，是国家体育事业发展的战略重点。

（三）社会体育

社会体育也被称为大众体育，主要是指以健身、休闲、娱乐为目的的运动项目，娱乐体育、余暇体育以及养生体育等均属于社会体育的范畴，社会体育是内容最广，表现形式最新颖，趣味性最强，且参与人数最多的一种群众性体育活动。社会体育是学校体育的延伸，可以使人们的体育生涯得以维持，并且受益终身。社会体育开展的社会化以及广泛性程度，在一定程度上取决于国家经济的繁荣，随着人们生活水平的提高，闲暇时间越来越多，且社会环境比较安定。从改革开放以来，我国的社会体育已经蓬勃兴起，各种体育俱乐部、体育游乐园等受到了人们的喜爱，且吸引了大批体育消费者，这也表明我国的体育已经进入了崭新阶段，且长期发展受到了一定保障。

四、体育的功能

体育在世界上越来越被重视，被人们看作是民族精神的橱窗，成了民族康强、国家昌盛的重要标志之一。就体育的根本属性来看,增强体质是其比较基础的功能,也就是生物功能。作为社会现象,体育又派生出了越来越多的功能,做到了为社会谋利、贡献,这被称为社会功能。

(一)生物功能

1. 健身功能

(1)体育锻炼对于有效促进人体健康有着积极作用,随着人类社会不断高速发展以及科学技术的突飞猛进,尤其是人类自身认知发生了变化,往往对健康的认识有了全新的概念。世界卫生组织提出:"所谓的健康不仅仅是没有疾病或者身体不虚弱,而是生理、心理等方面的健康,以及社会适应的完美状态。"由此可见,健康包括了身体健康及精神健康两个方面。

身体健康主要是指生长过程中拥有良好、健康的发育,正常的生理机能,并且在承担负荷之后的适应反应。通过科学从事体育训练,能有效促进青年人的健康生长发育,促进中年人保持旺盛的精力,促使老年人延年益寿。

精神方面的健康主要是指身体健康的一种能力,这种能力包括良好的生理调节能力以及承受社会环境发展的适应能力。结合科学有效的锻炼身体,可以增强人们的意志品质,催人奋发进取,形成良好的集体观念,加强组织纪律观念,协调人际关系等,使人心理调节能力得以提高,及时排除个人性格、心理等状态中不良因素,令个体在与环境的和谐统一中体验快乐、轻松等,达到提高精神健康的效果。

(2)体育有着增强人类体质的作用,体质主要是指人体的质量,这是一种在先天遗传以及后天获得的基础之上,所表现出来的形态结构、生理功能、身体素质等综合方面的特征,同时也是人体健康的重要基础。通过科学地锻炼身体,有利于人体骨骼以及肌肉的生长,促进身体形态以及器官的正常发育，提高人体对于外界因素的适应能力，改善人体血液循环系统、消化系统等机能状态，还可以有效提高身体协调性、平衡性等基本素质。

2. 健美功能

美即是生活，生活中各方面所体现出的美极具魅力。健美主要是指人体比例匀称，线条明朗的体形，健康的躯体，充满生机与活力。如今，"形体美"已经为文明的含义，并增添了许多新的内容，而体育锻炼是有效塑造形体美的重要方式，对形体美的构建有着特殊的功效。

形体的基础是骨骼，而人体骨骼的生长与发育则离不开肌肉活动，虽然体形的形成与先天遗传的关联不可忽视，但是通过后天的塑造有着更加积极的意义。人们有目的地加强肌肉运动，对于脊柱、骨盆等支撑器官的良好发育有着较强的推动作用，并且为塑造健美体型创造良好的条件。通过体育锻炼还能够有效促进肌肉发达，为人塑造刚劲有力的美感，体现青春的魅力，凡此种种都能够为人类增添形体美，并创造生理上的良好条件。

3. 保健功能

体育运动的保健功能主要表现在疾病预防、疾病治疗以及身心康复等几个方面，在历史的长河中，我们的祖先已经学会了如何用身体活动防病治病。对每一个人来说，健康长寿是一个美好的愿望，体育锻炼能够有效延缓人体衰老的过程，最终帮助人们实现长寿的目的。病理性衰老主要是指疾病导致人体过早的衰老，生理性衰老主要是指人类生命中不可避免地出现的退行性变化。通过体育锻炼可以在无形中推迟生理性衰老的到来，避免病理性衰老出现。

（二）社会功能

1. 娱乐功能

马克思主义的需要理论指出，当人类在解决了衣、食、住、行以后，必然会进一步追求高层次的享受。在现代社会背景下，随着物质产品不断丰富，怎样享受、善度余暇成了人们着重考虑的现实问题，人们越来越需要在工作、学习之余参与丰富多样的消遣、娱乐活动，从而达到消除身心疲劳、愉悦身心的目的，满足精神上的享受。积极、自觉地投入体育活动能够为人们的生活增添许多乐趣，由于体育活动有着诸多的娱乐功能，作为一种较为理想的娱乐方式，越来越受人们的喜爱。有相关数据表明，为了更加有效的发挥娱乐的作用，其已经开始向体育领域渗透，这样使得一些娱乐项目逐渐向运动项目转化，人们将注意力放在了娱乐体育方面，致使现代化体育的娱乐功能变得更加突出。

2. 教育功能

关于体育的教育功能，马克思早已提出过精辟的论述，他明确指出："未来教育对所有已经满足一定年龄的儿童来说，就是产生劳动同智力和体育的结合，不仅是一种有效提高社会生产的方式，还是造就全面发展的人唯一的一种方式。"我国较为重视体育教育的作用，更加强调了体育是将来有效建设社会主义精神文明的重要方式之一。由于体育有着活动性、技艺性及竞争性等多种特点，其作为一种传播体育价值观的重要载体，在激发爱国情怀、振奋民族精神及培养社会公德等方面都会产生不可估量的社会教育作用。在对抗性较强的体育竞赛活动中为了取得胜利，运动员之间需要相互协作，个人的功过与集体的成败有着紧密联系，使人认识到个人与集体的关系，从而培养相互关心、相互关爱、以大局为重的集体观念。在参与难度较大的体育活动项目时，人们需要不断克服多重障碍，付出巨大体力与智力，并具备毫不畏惧的胆识，所以我们可以看出，通过体育运动能够锻炼、培养人们勇敢、坚毅、刻苦、耐劳等优良品质。由于运动竞赛规则有着一定的制约，所以又可以培养人们诚实守信、遵守纪律的良好品德，这些均为体育难以估量的重要教育作用。

3. 经济功能

体育所具备的经济功能主要是由体育与经济之间的相互促进作用而决定的。

（1）体现在有效增强劳动者素质方面，有关的经济学家认为提高劳动生产力是社会经济发展的主要标志，在评价劳动生产力时，人的素质是不可忽略的重要衡量标准。而人的素质主要包括身体素质、文化素质以及道德素质，身体素质是首要的，更是诸多素质中的基础，对于生产力的提高有着重要的作用。

（2）体育有一定的宣传效果，在社会主义市场经济中，产品投入市场需要依靠适当的宣传，体育运动的聚群性能够使产品获得良好的宣传效果，开拓经济市场。除此之外，体育也有着一定的产业属性，作为第三产业，以劳动形式为社会提供了服务消费品，反之又刺激了体育工业的良好发展，使之有更大的可能性在国民经济中逐渐形成庞大的体育产业投入市场中。一些大型的体育比赛能够在潜移默化中带动旅游、交通及商业等各行业的发展，从而收到较为可观的经济效益。

4. 社交功能

体育活动的本身具有动态特点，且这一特点决定了人们需要打破"闭关自守"的生活方式。有关的实践证明了个体在置身于社会群体中时，产生的运动欲望，则能在无形中成为改善人们相互关系的重要纽带。体育运动属于社会性的集体活动，通过人与人之间的相互聚合，共同交流思想与情感，实现相互之间的帮助，能有效促进人民、集体之间的相互了解，增强团结互助精神，保持社会安定，共同建设美好国家。体育运动作为一种媒介发挥出了巨大作用。与此同时，体育有着能够超越世界上语言及社会保障的特点，可以将不同社会和民族的人们聚集，以体育的方式交往、发展国际友好关系，因此，体育已经成为一种交流交往活动的新型手段，充分发挥了其社交功能。

5. 政治功能

体育、政治制度的结合能产生多方面的作用，最主要的是能够为国争光，振奋民族精神，加强国际友谊。竞争是体育精神的重要内容，优胜者能够在竞争中受到社会的尊敬。在国际化的体育比赛中，种种热烈壮观的场面是一种巨大的激励，人人都想取得最终胜利，正是这种激励不断促使着人们顽强拼搏，为国家和民族争取荣誉。运动员在有关的比赛上取得辉煌成绩，其影响之大跨越时空，远远超出了民族范围。

6. 军事功能

体育中所存在的军事功能主要是用于战争以及训练士兵方面的需要，从史前时代部落与部落之间相互争夺土地，引发了一系列的暴力冲突，再到原始社会末期以掠夺财产为主要目的的奴隶战争，可以看出随着武器的不断改进，不仅能够为后续的健身活动提供广泛的运动器材，同时也能够有效促进人民群众积极参与有关的身体训练。

现如今，随着现代社会尖端武器的快速发展，以及新型的战略战术应用，需要军事人员掌握复杂多样的技术，并且能够在极大程度上动员人的精神与身体能力。正因如此，在全面进行训练的过程中，掌握一定的体育训练，如游泳、滑雪、格斗等，已经成为军事训练的必要内容，并且使更多新型的体育训练形式应运而生。

五、体育战略及体制

（一）体育战略

所谓的体育战略主要是指比较重大的，且带有全面性的体育工作计划，我国以"发展体育，振兴中华"作为重要指导方针，将增强人们体质，有效提高劳动者的素质作为我们国家体育活动的根本任务。从20世纪50年代开始，国家就提出了"普及与提高相结合"的理念，在80年代为了适应改革开放的新形势，国家进一步提出了"以全民健身为主要目标的群众体育以及以奥运会为最高层次的竞技体育协调发展"战略指导思想。在20世纪90年代颁布并实施了《全民健身计划纲要》与《奥运争光计划》，这是80年代战略思想的一种延伸，更是一种比较具体化的体现。

有效增强国民身体素质是社会发展的根本基础，更是社会主义物质文明建设以及精神文明建设的重要基础，在全社会有效开展全民健身活动，增强民族健康水平，是加快经济建设与社会发展，打造中国特色社会主义的重要体育战略举措。此外，这更是党和政府维护、保障公民参与体育的一种权利，切实为人们谋利益的具体体现。为了帮助人民群众提高身心健康水平，国家大力提倡人民群众积极参与社会性的体育活动，并且要求有关的部门应积极为人民群众创设良好体育锻炼条件，在各个层次人群中大力推行"一二一"工程，即每人每天参加一次健身活动，每人应学会两种及以上的健身方式，每人每年参加两次户外体育活动，等等。

（二）体育体制

体育体制主要是指对体育事业进行管理的有关领导机构、组织体系以及由其制定的体育法规、制度等，体育是一项全民事业，需要一个合理、正确的体育管理组织系统以及对应的制度，从而动员广大群众参与体育锻炼活动，进一步有效实现政府的体育目标。

从宏观角度上来说，我们国家的体育管理制度中，组织体系主要分为三大方面：国家行政、社会组织和军队。自改革开放以来，我国为了全面加强对体育工作的管理，并且进一步加快体育事业的发展，提出了制定《中华人民共和国体育法》的想法与思路，经过多年的不懈努力与研究，我国的第一部《中华人民共和国体育法》在1995年诞生，这可以说是我们国家体育法治建设的重要里程碑。

在中华人民共和国成立以来，《中华人民共和国体育法》是首部体育领域内的基本法，其主要体现出了宪法的基本精神，并且主要以党的基本线路为指导，较为符合、适应社会主义市场经济体制的各项要求，符合当代体育活动的有关规律。充分体现了我们国家体育改革的基本成果，与国际体育基本准则相吻合。结合立法切实保障了人民群众参与体育运动的权利。促使体育事业走向了法治化轨迹。

六、当代学校体育的地位与作用

（一）当代学校体育的地位

1. 体育是德育、智育的前提

德、智、体之间的关系不言而喻，"体育一道，配德育与智育，而德育皆寄于体，无体是无德智也"。由此我们可以看出，德、智在教育事业中各自发挥出了极其重要的作用，且离不开体育的支撑与辅助。

体育是教育的另一重要方面，同时也是有效实施德育的方式之一，学校体育教育一般通过体育课、课外体育锻炼等多种多样的渠道实现，有着多元化形式，不仅能让学生得到身体锻炼，还能够从体育活动的专业特点出发，帮助学生们有更多的机会与条件形成良好的爱国主义、集体主义精神，以及服从组织、遵守纪律等品德。

体育活动对有效促进智育发展发挥着积极的作用，有人认为，学生参加体育锻炼需要耗费大量的时间，影响其文化学习。这种认识是比较片面的。因为一个人的知识文化水平高低，或者学习效果如何，主要取决于其大脑的发达程度、反应程度等。从有关的生理实验证明来看，运动能够在无形中强化大脑的重量和皮质厚度，并且运动生理学证明了从事体育运动、掌握多种运动技能，有助于促进大脑神经的发达，并且能够改善、提升人体大脑皮质工作能力，使大脑处于一个兴奋状态，注意力更加集中；提高神经运动过程的均衡性以及灵活性等，锻炼大脑的分析综合水平，如思维敏捷、判断力强等。通过事实研究证明，经常从事体育锻炼活动的学生，在学习文化知识的过程中能够更容易掌握各个学科的技能技巧，学习效率较高。总而言之，参加体育运动能帮助学生发展自身的心理素质，并且利于其智力发展，使其终身受益。

2. 当代学校体育在推动物质文明建设中的地位

从传统的思想观念来看，人们通常将体育视为纯消费性的活动类型，因而一度忽视了体育投资在生产力方面所起到的作用与价值。但是结合实践分析可知，随着现代体育"多功能特征"被确认，体育教育活动主要以提高体力、智力、能力为宗旨，且已经在健全劳动者体格、发展劳动者体能等方面，为有效改善整个民族的综合素质，保持良好的劳动强度与效率，提高在艰苦条件下工作的忍耐性奠定了基础。尤其是对学生而言，他们将来要走上社会，在经过青春期发育之后，他们的成长发育逐渐稳定，身体各个器官系统的机能以及自身适应能力等均已发展至良好的水平。若是能够抓住这个良好的时机，借助体育教育对学生的身心进行培养，促进其体格、心理、智力等多方面的健全发展，进而有效地提高民族素质，促进国家的经济发展，从而明确了体育教育对于推动物质文明建设方面的作用及地位。

3.当代学校体育在推动精神文明建设中的地位

在当代社会背景下，随着社会的高速发展及物质、文化生活水平的提高，人们在体育文化生活的需求方面日趋强烈，体育日益成为人类现代文明生活中的重要部分。尤其是对于学校的学生而言，他们的身体形态以及生理机能等在处于不断完善发展的阶段，智力活动也处于飞跃时期，他们富有朝气，并且充满着青春活力，表现出了对美好未来的憧憬，需要以自身为中心点编织丰富多彩的生活蓝图。正因如此，学生们在享受娱乐、追求审美等方面，都有着强烈的精神追求，这也直接表明了，由体育教育提供的方法方式不仅能够通过传授学生基础的体育卫生知识以及体育运动技巧等，让学生获得享受体育文化的能力，而且能促使学生在直接参与体育实践活动的体验过程之中，学会调节生活内容、丰富自身业余文化生活，从而获取精神乐趣享受，并保持心态的平衡，这充分体现了体育教育在促进学生精神文明建设方面的重要地位。

（二）当代学校体育的作用

从社会发展分析来看，随着物质生活水平的提高，人们出于对健身、娱乐、休闲等方面的需要，在追求体育方面变得日趋强烈，使体育已经成为影响人们生活水平与生活方式的一个重要因素。遵循教育学的观点与理念，体育对于学生的影响更加深远，主要集中体现在了"育人"的视角上，发挥体育在培养国家需要的高素养人才的特殊性意义。

1.强身健体

根据学生身体各个器官系统机能的成长变化以及代谢水平的不断提高，他们逐渐进入了最佳的状态，通过学校组织各种形式的体育教育活动，能够有效促进学生身体健康，改善学生对于外界环境的适应能力，帮助学生塑造健美的体态，引导学生掌握必要的体育运动技巧，提高学生身体素质以及基本活动能力。这样一来，学生的体格才能更加健壮，体力更加充沛，无论是在将来还是在现在，学生们都能够从事较长时间的、较大负荷的脑力劳动以及体力劳动。

不言而喻，身体锻炼对于人类的进化起到了良好的促进作用，身体锻炼不仅有助于人们有目的性地改善身体上的种种缺陷，弥补身体负面发展，补充现代化生产方式以及生活方式所造成的运动不足，使肌肉得到活力与营养，帮助学生机体能力得到强化拓展，并且身体锻炼还能够用于人类进一步有效实现自身的进化，控制并发展自身的进化。总体上来说，身体锻炼是一种人类总体"自然选择"的方式，能够为人类身体的发展与进化提供良好的外部条件，促使人类健康繁衍。人类在发育的过程中，由于"用进废退"原理的影响，通过身体锻炼能够促进个体的运动器官、工作器官等获得一定发展，进而使生物灵活地适应多种多样的外界环境。

2. 防治疾病

人体在生命活动的过程中，身体与外界环境以及身体内各个系统器官之间的活动处于一种既对立又统一的状态，从而不断维持动态平衡，影响着人的健康与劳动能力，这就是人们所称的患病。

疾病发展的过程实际上是损伤与抗损伤的矛盾性斗争过程，而致病因子主要作用于机体后，不仅能够引起机能、代谢等各种病理性的改变，同时还能够引起机体对抗各种损伤的反应。在发生疾病的过程中，损伤与抗损伤之间的对立关系在很大程度上决定了疾病的发展方向。如果损伤占据优势地位，那么病情则易恶化，甚至导致人体死亡。相反，如果抗损伤的反应占据优势地位，那么疾病则向有利于机体恢复正常功能的方向发展，直至人体疾病痊愈。

第二节　当代学校体育的历史演变

学校体育的产生主要是为了适应社会发展的需求，也随着社会的发展而发展。如今，在人类社会生活中，体育运动也如同其他食物一般，经历了从萌生到不断发展完善的过程。学校体育宛如人类历史长河中的一条小支流，它沿着自己的道路蜿蜒前行，但又与整个社会洪流之间维持着紧密的关联，由此可见，体育发展与社会发展密切关联。

一、人类社会发展对于体育的需求

在人类与自然界的艰苦斗争之中，必须创造出赖以生存的物质基础，这是一种求生的本能反应。这种本能最初表现在原始人的谋生及方位需求方面，也就是借助着人体的运动获取一定的生活材料，并且能够在此过程中确保自身不受伤害。根据考古学家的研究，人类祖先迫于谋生需要，需要为了寻找食物跋山涉水，为了追捕野兽奔跑越沟，等等。同时，出于防卫需要，他们为了防备狩猎时被野兽所伤害等，还掌握了格斗、游泳等多种防卫手段，并且具备灵巧躲闪以及攀高爬树等自卫能力。显而易见，诸多的身体运动都是原始人求生存而需要掌握的基本活动技能，表明了体育与生存需要一直有着较为密切的关联。

在原始社会后期阶段，人类为了发展生产力、掠夺生存等而导致部落之间发生了冲突，需要精化生产工具、改进技术等，并且使这种谋生的手段能世代相传，同时还需要不断提高防卫、谋生等能力本身应具备的智力与体力。基于这种背景，原始的教育手段逐渐发生了变化，从单纯的劳动手段中脱离了出来，并且逐渐演化成非直接应用于生产劳动以及谋求生存的身体运动形式。这些都是经过了原始教育方式的改进与调整之后，所形成的身体运动，也就是"原始体育"，其主要目的虽然仍然存在于维持生存，但是增添了诸多的强身手段，使之更加有可能通过增强各种身体活动及技巧训练，为学习和掌握生存本领提供方式，这也进一步说明了体育与生存需求之间所存在的必然关系。

随着社会物质和生存条件等方面的改变，以及语言、情感、理性等多种社会文化行为的生成，人类在社会中生存所需要的功利性因素相对来说有所减弱。基于此，体育业已经不再仅仅满足人类简单的生存需求，而是逐渐转移为强化人类的生物潜能，丰富人类的精神文化生活，全面促进人类身心健康发展，着重以创造人类美好生活方式为目标。对此，千百年以来，人类结合这种社会需求对体育进行实践与探索，且期望其能够改变自己的生活方式。但是，人在改造社会的过程中，还需要社会提供理想的生活环境与生活条件，所以社会的兴衰又直接影响了体育事业的发展进程。

众所周知，体育发展离不开坚实的动力与基础，最早来自原始社会后期所衍生的文化、艺术及教育。虽然这些属于比较新的社会因素，在当时仅反映了原始社会人类水平比较低的需求结构，但是就不断扩大的生活领域上来说，为了有效地适应社会发挥在实际需要，在无形中促使诸多既不属于生存需求，但又高于一般生活技能的活动，以更加接近体育的形式逐渐得以发展，致使这种有意识的模仿劳动与生活动作的身体练习，在一定程度上改变了原始人类单纯的求生生活模式。

二、学校体育的兴起与发展

进入奴隶社会以后，尤其是在春秋战国时期，由诸侯称霸所引起的兼并战争，对军事体育的发展产生了影响，为了迎合战争时期的需求，人类的教育事业出现了突破性的改变，"学校"，这一种有组织的专门教育机构应运而生。这一教育结构使人类的教育活动由原始的生产劳动与日常生活之中杂乱无序的状态相分离，构成了一种有序的、单独的教育性事业。我国甲骨文中的有关记载提到，从商朝开始就已经出现了

"序""西雍"的学校教育形式。其中的主要教育内容为礼、乐、射、御等，其中的射、御就涉及了体育因素，而礼、乐中包括的舞蹈也起着锻炼身体的作用。在古希腊学校教育中，奴隶主子弟需要从小接受严格的体操、军事等训练，学习多种多样的体育活动，主要目的是将资产阶级的子弟培养成为军事统治者。

在人类生产力的发展之下，进入了封建社会。封建社会背景下文化科学的发展，推动了学校教育的快速发展，并且科学大量涌现出来，学校教育制度日益得以完善。但是由于我国封建教育制度向来采取"独尊儒学""文武分途"的政策，导致学校教育中不重视体育内容，甚至取消了体育教育。虽然到了隋代设立了科举制度，唐代增设了武举制度，宋代开设了武学内容，但是时兴时废。到了明、清之后，大力推行静坐学习思考的教育方式，在潜移默化中助长了文弱之风的盛行，导致体育教育濒于消亡，与此同时，西方中世纪受到了神权统治，体育也逐渐被排斥到了学校教育之外。

近代的学校体育教育主要是在欧洲文艺复兴之后得到发展的，在17世纪，英国教育家洛克对体育十分重视，他主张从幼年开始就应该坚持进行适当的身体锻炼，学校教育应做到细分化，分为体育、德育、智育三个部分，落实"三育并举"的措施与理念。最早将体育引进学校教育的德国教育家巴泽多，他受到了法国启蒙思想家卢梭的自然体育思想的影响，继承了古希腊、古罗马学校体育的文化遗产，并第一个将体操与游戏作为学校教育中的主要内容。然而，正规将体育列为学校课程的应归功于丹麦，丹麦政府规定中等学校应设置体操学科，后续逐步形成了以"教学体操"为核心的学校体育教育模式，先后传入欧美各国、日本和中国。

我国近代学校体育的兴起主要是从"废科举，办新学"的浪潮中开始的，清朝时发布了有关的章程，并规定各级学堂均应开设"体操科"，教材中以兵操为主要内容，教法采用了军队的方式。但是一味采取"队列练习""变换队形"的方式显得十分呆板，联系起来较为枯燥，渐渐引起了学生与社会的不满。1922年，兵操在学校体育课程中正式被废除，以普通体操、田径、球类游戏等项目为主的体育教学内容才得以兴起。经过了多年的社会变迁以及西方思想的影响，我国的学校体育教育才开始步入正轨。

在中华人民共和国成立以后，我国学校体育在有关部门的重视与关怀之下，经历了改造、创新和完善等过程，1956年，教育部颁发了第一部中小学体育教育大纲，为学校体育教学制定了较为统一的内容与要求。1961年，教育部又组织编写了各级体育教材，并且明确提出了"学校体育以增强学生身体素质为着重点"的重要指导思想。1978年，教育部又根据过往的经验，重新研究、颁布了各级学校体育教学大纲，组织编写了对应的体育教材，进一步促进了学校体育教育质量的提高。

为了全面研究与掌握我国青少年与儿童的体质状况，国家有关部门联合组织了多项指标体制测定，全面对我国青少年与儿童的体质状况进行了分析，并且研制了我国青少年与儿童成长、发育、身体素质等方面的评价标准，为进一步改进我国学校体育教育工作提供了科学依据。

1990年，国家体委、原国家教委等部门又联合颁布了《学校体育工作条例》《学校卫生工作条例》，对《国家体育锻炼标准》进行了重新修订，促使我国学校体育走向科学化、合理化和标准化。

第三节　学校体育的基本手段

实现学校体育教育任务的基本手段是：身体练习、自然力锻炼以及卫生要求。身体练习是学校体育教育中比较基础的方式。身体练习主要是指人们为了有效锻炼身体、增强体魄以及提高运动技术水平所采用的各种各样的体育动作总称。它既是指单个的体育动作，又包括了成组的或者是成套的体育动作。在体育教育、体育锻炼以及运动训练活动中，我们通常称身体练习为"练习""动作"。

身体练习过程中必须符合体育的任务与要求，当离开体育任务或者要求开展身体活动时，如劳动中产生的跑步、登山等动作，虽然其动作结构与形式方面类似于体育动作中的跑、登山，但同时也含有一定的健身动作，由于其主要目的是产生物质资料，并且对于人体整体的影响存在着较强的局限性与片面性，因而不能被称为身体练习。通常而言，只有结合体育活动中的根本任务，按照一定的体育要求展开跑步、登山等活动，才属于人体自身的体育练习。

身体练习主要通过人们参与日常生活、生产劳动以及娱乐活动等各种各样的动作而产生、发展，但是身体练习并不是这些动作的简单翻版，而是需要按照体育活动的主要任务、科学锻炼的要求等，经过不断加工、改造等逐步形成。随着社会生产力的不断提高，科技文化的进步以及体育实践活动的开展，身体练习的方式与内容变得更加丰富，且发展比较多样化，在发展过程中通过有效更新、完善等，满足人们在参与体育活动时候的多维度需求。

一、身体练习技术结构

身体练习技术通常也被称作运动技术或者动作技术，主要是指科学、高效地完成体育动作的方式。

科学、正确的体育技术应符合人体运动科学原理，能够充分发挥出人们的机体能力。从整体角度上来看，技术的合理与有效是相对的，随着体育科学技术的高速发展，人们身体素质水平逐步提高，有关的体育运动器材设备不断完善，以及体育竞赛规则的改变、优化等，运动技术也在不断发生变化，运动训练方式也在不断更新迭代。

身体练习技术结构的重点是指身体练习时各个组成部分及顺序，在实践中对身体练习技术结构通常有以下两种分析方式。

（一）技术结构

从一个完整的体育动作技术的构成来看，其主要包括技术基础及技术细节两个方面的内容。

1.技术基础

主要是指按照一定的顺序要求与节奏等组成运动技术的各个部分，如急行跳远主要是由四个部分组成的，包括助跑、踏跳、腾空、落地，在实际练习的过程中无论是采取何种方式，这四个部分与结构顺序不能被改变、调整。体育教学训练中，我们通常将构成运动技术的各个部分称为技术环节，这是身体练习的主要技术支撑，更是比较关键的技术部分。

在身体练习活动中，无论技术环节有多少，必然涉及了一个能够决定完成动作质量以及运动成绩的主要环节，这一环节被称为"技术关键"，如急行跳远运动中的"踏跳"动作等。

2.技术细节

主要是指通过各个具体动作构成技术环节，并且在不影响整体技术结构的前提下，所表现出来的个人技术特点。例如，推铅球的"最后用力"环节，主要是依靠蹬地、转体及推球等各个具体动作相互协调组成。在实践体育练习活动中，不同的人在完成同一个练习时，由于不同人的形态、机能、素质等综合条件有所不同，所表现出来的技术细节等往往不尽相同。例如，由于体育运动员的身高有所差距，在推铅球时最后用力出手角度则完全不一致。正因如此，体育运动过程中应结合自身的实际条件，明确自身的技术特点。

（二）动作顺序

结合身体练习的顺序与过程进行分析，可以将一个完整的动作技术划分为准备阶段、主要阶段和结束阶段三个不同阶段，这在非周期性的练习中尤为显著。

首先，身体练习准备阶段的主要任务是为了完成主要部分的动作技术创设有利条件，这些动作的方向有的是为了与动作相一致，有的则刚好相反。例如，掷铁饼运动时的后摆与使身体向后处于扭紧的状态下，虽然与主要动作的方向是相反的，但是可以有效加长主要动作的工作路线，从而为肌肉的快速收缩创造比较有利的条件。

其次，身体练习的主要阶段任务是为了完成主要的动作，这是身体练习活动的核心部分，练习的最终效果与成绩主要取决于这一重要阶段。在一些非周期性的练习活动之中，主要阶段常常明显地表现为几个动作，如三级跳远的三次跳跃或者撑竿跳高的起跳等一系列动作。

最后，身体练习的结束阶段的主要任务是为了使身体恢复到平衡状态下，通常体现为两种形式，一种是为了自然地逐步停止动作，另一种是为了使动作积极制动，从而确保身体达到平衡状态。

以上三个阶段之间存在着紧密联系，前一个阶段是后一个阶段的准备与前提，后一个阶段是前一个阶段的继续与发展。准备阶段整体的完成情况直接影响了主要阶段的动作质量与水平。例如，投掷标枪运动的准备阶段动作如果能够很好地完成，就能够为正确完成主要动作打下坚实的基础。反之，如果准备阶段的动作完成得不够好，则主要动作必然也会受到影响，同样，如果在主要阶段不能正确完成动作，结束阶段的动作也会受到一定影响，甚至容易造成犯规。基于此，在完成身体练习动作时，各个阶段之间的衔接应做到紧密、连贯、协调，从而避免出现停顿、破坏动作完整性，以及降低动作质量的现象。

周期性练习，由于在结束前一周期之后就需要做好后一周期的准备阶段，两者之间难以区分。所以，周期性的身体练习通常只有主要阶段与过渡阶段两种区分，过渡阶段就是包括前一周期的结束阶段以及后一周期的准备阶段相结合的阶段。

二、身体练习的要素

身体练习主要涉及了诸多要素，是由若干要素组成的。身体练习的要素包括身体姿势、练习轨迹、练习节奏等。在体育实践活动中，完成任何的身体练习都与这些要素有着直接关系。

结合分析运动生物力学的有关原理可见，身体练习的要素与运动学的特征、动力学的特征等不可分割。

（一）身体练习要素内容

1. 身体姿势

身体姿势主要是指身体与身体各个部分在整体的体育练习活动过程中所处的状态，通常一个完整的体育动作过程可以将身体姿势分成三种，包括开始姿势、练习姿势和结束姿势。

首先，开始姿势主要是指在做身体练习时的主要阶段前身体以及身体各部分所处的准备状态，其主要作用是为有效完成主要阶段任务提供最佳有利的条件。

开始姿势主要分为静力性、动力性两种。静力性方面如徒手操的预备姿势、竞赛项目的起跑姿势等，动力性方面如投掷铁饼动作时的预摆等。在开始姿势方面，有的因为规则或者个人习惯等要求对开始姿势形成了严格的规定，大多数的身体练习或者运动项目对开始姿势并未形成严格的规定，基本上都以解剖学与生物力学原理为重要依据，从个人特点等角度出发，从而使主要练习能够取得理想中效果的姿势成为各自的运动开始姿势。

在实际的体育教育与体育训练活动中，开始姿势有着多重含义，可以使练习过程中的注意力集中，也可以使身体处于最有利的位置，确保身体的平衡与协调，还比较有利于加大某些体育动作所需要的距离，有利于获得最快的速度，可以有效改变动作的难易程度，并且调节身体练习中的运动负荷，力争造型的最佳形象与效果，等等。

其次，练习过程中的姿势主要是指在完成主要练习时身体的运动状态，身体练习的最终效果与成绩如何，在很大程度上取决于练习过程中的姿势。由于身体练习过程中的情况错综复杂，一般将练习过程中的姿势分成了相对稳定的姿势与不断变化的姿势。在周期性练习中，相对稳定的姿势表现较为明显，如游泳中的水平姿势、滑冰中的低姿滑行等。非周期性的身体练习姿势通常处在变化之中，有的时候是一个姿势，有的时候是由诸多紧密衔接的姿势组合而成，如投掷铁饼的旋转与最后的用力姿势等。

最后，结束姿势主要是指在身体练习活动结束时，身体以及身体各部位处于怎样的状态，结束姿势主要也涉及了静力性与动力性两种，有的体育运动项目对于结束的姿势要求比较严格，如竞技体操、跳水等运动项目。有的体育运动项目没有明确的要求，在联合性的体育动作中，前一练习的结束姿势通常是下一练习的开始姿势，并且对下一练习的顺利进行产生着直接影响。结束姿势对于有效提高练习的最终效果、质量，以及防止犯规、受损等多方面都具有十分重要的意义，需要引起大家足够的重视与关注。

2. 练习轨迹

练习轨迹主要是指做练习时身体或者身体某部分所移动的路线，练习轨迹包括了轨迹的形式、方向和幅度等。

首先，轨迹的形式主要涉及直线和曲线两种，直线运动有着明显的特点，其为反向恒定，身体或者身体的某一部分沿着两点之间最短的距离展开运动，如直线跑或者击剑中的直刺等动作。在体育实践活动中，直线运动通常来说只需要指出动作的起点与终点。曲线运动的主要特点是不断发生方向的变化，身体或者身体中每一个部分沿着曲线进行一定的运动。通常在体育实践活动中，曲线运动不仅需要指出动作的起点与终点，还需要指明有关的运动路线所经过的中间点。

曲线运动在大多数的情况之下表现为以轴为中心的旋转方式，有的情况下是以整个身体为轴，如投掷铁饼时涉及的旋转动作、体操中的前、后空翻等；有的是以身体中的某一个部分为轴，如臂或者腿的旋转摆动等。抛物线是曲线运动之中的另一种形式，主要是整个身体在空中进行移动的曲线，如跳高、跳远等体育练习活动皆属于抛物线运动。抛物线包括方向、长度、形状三种基本的要素。上述所说的跳高、跳远以及跨栏跑练习中，身体重心移动的曲线主要在方向、长度及形状方面有着各自的特点，彼此之间并不是完全相同的。

其次，轨迹的方向主要是指在进行体育练习活动时，身体或者身体的每一部分移动的方向。练习的轨迹一般而言有六个基本的方向，即前、后、左、右、上、下，这些基本方向主要是结合人体的三个互相垂直的基本轴而确定。基于六个基本方向，还可以进一步划分成前上方、前下方、左前上方、右后下方等多个方向。除此之外，我们还可以将外部的标志物作为参考，从而确定方向，或者以身体为重要标志，确定内外方向等。

在身体练习活动中，轨迹方向起到了至关重要的作用，如单杠、双杠中的"屈伸上"腿伸展的方向，直接影响了这一动作的最终呈现效果。腿伸展的方向与时间正确，可以有效培养学生对方向的正确辨别以及身体控制能力等，还可以有效地帮助学生减轻体育练习过程中的体力负担。

最后，轨迹的幅度主要是指动作活动范围的大小，动作幅度的大小根据身体与身体某一部分形成的角度以及身体或者身体某一部分与器械、标志物之间的角度进行衡量的，如双杠中的"挂臂前摆，腿与杠面平"等。同时也可以根据身体或者身体某部分移动的距离进行衡量，如跑步的幅度等。

从根本上来说，不同性质的身体练习对于轨迹的幅度与距离都有着不同程度上的要求，如投掷铁饼时动作要求幅度要大，而跑步时的步幅过大则会影响步频与速度等。所以，在体育教学训练中，只有结合身体练习的性质与特点，根据学生实际身体条件与水平确定动作的合理幅度，才更加有助于提高学生身体练习的最终效果与成绩。

3. 练习时间

练习时间主要是指完成某一项体育练习活动所需要的时间，练习时间的长短对学生体育练习活动的效果，以及对有机体所承受的运动负荷产生直接的影响，体育活动练习的时间一般表现在练习的总时间、练习各部分的时间两个方面。

练习的总时间方面：有的身体练习是以时间的长短而确定最终成绩，如体育项目的各种跑，一般延续的时间越短，那么最终成绩也就越好。基于这种情况下，应该采取各种有效的措施缩短练习的时间。有的身体练习虽然不依靠时间确定最终成绩，但是在完成有关体育动作的过程中，从滑步或者是旋转至最后的用力，加快动作的速度、缩短其时间则直接影响着投掷的最终成绩。

练习各部分的时间方面：身体练习总时间的长短主要取决于练习各部分延续的时间，所以，在对练习的总时间进行调整时，我们通常以改变部分运动的时间为基础条件。

4. 练习频率

练习频率主要是指在单位时间重复某一动作的次数，基于周期性的身体练习活动之中，频率是决定移动速度的一个主要条件。基于幅度不变的情况之下，练习的频率越大，其速度也就随之越快，如跑、游泳等，在步幅、划幅相同的情况下，身体练习的频率对速度起着决定性作用。

此外，身体练习频率也是调节整体运动负荷的主要因素，随着练习频率的改变，练习强度也产生了一定的转变，所以在对运动负荷进行调节的过程中，常常以改变练习频率为重要方式。

5. 练习速度

身体练习速度主要是指身体或者身体某一部分在单位时间之内产生的位移距离，一般而言，以移动的距离、幅度以及所用的时间比例进行表示。

在身体练习过程中，速度的表现比较复杂、多样，一般的特征表现是平均速度方面，是用练习的所有时间除以整个距离得出的最终数值。身体练习速度一般包括最大速度、合理速度、加快速度和反应速度。

速度在身体练习中起到了无可替代的作用与价值，直接影响了体育动作的完成以及动作质量。各种体育练习活动都有着一定的速度要求，如武术中的太极拳要求速度较慢，长跑一般要求中速进行等。所以在体育教学以及体育训练活动之中，应结合不同运动项目的练习特点与要求，明确其相应的速度。与此同时，就同一种体育练习项目而言，学生在不同的学习阶段对速度也有着不同的要求，如快跑练习中，在学生学习的初期阶段，一般不要求其达到最快的速度。

速度是影响着身体练习强度的主要因素之一，同一个动作以不同的速度进行练习，最终对于机体的影响也各不相同。鉴于此，体育教学训练中经常以改变练习的速度为主要方式，从而调节运动负荷。

6. 练习力量

练习力量主要是指完成练习活动时，身体或者身体某一部分克服阻力的能力，力量是人体运动的重要基础，任何运动主要都是由于肌肉的收缩所引起的人体内力和人体外力相互作用、相互影响的结果，而内力起到了决定性的作用。

人体内力指的是人体各部分相互作用之下所产生的身体内部的力，主要包括肌肉拉力以及组织器官的阻力。人体外力指的是动作过程中，外界作用于人体的力，主要包括人体重力、支撑反作用力等。总的来说，肌肉拉力是人体最主要的力，对于身体练习的力量有着决定性作用。

练习力量在任何身体练习方面都是不可或缺的重要因素，尤其是在一些力量性的、速度性的练习活动之中，如跑的后蹬、跳跃的踏跳等，动作力量直接决定着这些练习的最终效果与成绩。除此之外，其效果又与练习轨迹的方向、幅度、练习速度等有着紧密的关系。正因如此，加强研究影响练习力量的多重因素，并且在实践中科学安排力量练习任务，是有效提升体育教学训练效果的途径之一。

7. 练习节奏

练习节奏是指在完成体育练习任务时，动作各部分所表现出的强弱以及时间间隔关系。例如，游泳时臂、腿与人体呼吸之间的相互配合，均是根据一定的顺序、时间间隔等进行的，无论是快游还是慢游，都应该维持这种关系。所以，身体各部分动作的强弱、快慢等之间不同时间间隔的交替进行，成了构建体育练习节奏的重要前提。

练习节奏主要体现在周期性的练习中，表现尤为明显，在一些非周期性的练习活动之中，练习通常也体现出了一定的节奏，如篮球运动中的"行进间投篮"，以及投掷标枪的"投掷步"等，都有着自己独特的节奏。

学生按照一定的节奏展开练习活动，能够促使身体各部分及内脏器官之间形成协调一致的关系，有助于正确掌握一系列动作，并且形成动力定型。此外，一定的节奏还能够实现身体各部分肌肉的放松与紧张交替，从而使身体练习达到协调、省力的状态，进一步提高练习者的积极性与热情，在集体性的体育练习活动之中，节奏还能够促进集体动作的协调一致。对此。在体育训练活动当中，应重视并采用适当的方式引导学生建立正确的节奏感。

身体练习的几个要素是普遍存在的，并且相互之间有着一定的联系与影响，在不同的练习活动之中，身体练习各个要素有着不同的意义与作用，如短跑的速度、举重的力量等，都属于对应项目的主要要素。另外，随着体育训练的对象与阶段有所不同，这些要素的意义与地位也容易发生适当的变化。因此，在进行身体练习的时候，应结合自身身体练习的特点、体育教学训练的不同阶段，紧紧抓住重点，有目的性、计划性地解决身体练习中存在的主要问题，这样才能够取得良好的效果。

（二）身体练习要素特征

结合运动生物力学的有关原理，对身体练习要素进行全面、具体的分析，明显可见人的所有动作都是在一定的空间与时间内进行的。例如，身体练习要素中身体姿势以及练习轨迹方面，比较明显地表现在了练习的形式，反映了练习空间方面的主要特征。身体练习的时间与速度表现了练习的时间过程，充分反映了练习时间方面的主要特征。练习的速度表明了动作是在一定空间与时间内进行的，反映出了空间与时间特征，这些均可统称练习的运动学特征。力量是身体练习的主要基础，人体的一切运动均为人体内力与外力相互作用的主要结果，所以力量要素成为动力学特征。节奏是身体练习空间、时间等方面相互配合的集中表现形式，更是身体练习的一大综合特征。由此我们可以看出，运动学特征、动力学特征和综合特征三方面为身体练习的要素。

三、自然力锻炼与卫生要求

自然力锻炼主要是指借助自然因素的作用进行身体锻炼，可以有效地改善、提升身体调节体温的机能，促进身体更好地适应外界多种条件的急剧变化，从而有效增强人体对疾病的抵抗能力。卫生要求重点指合理、科学的生活作息制度，在锻炼过程中必备的基本条件，这是有效保证各种体育锻炼方式取得良好成效的基本前提。因此制定严格的体育锻炼卫生措施，并且付诸实践行动，这是取得最佳体育锻炼效果不容忽视的问题。

第二章　民族体育概述

中华民族源远流长，有着古老的文明史，传统体育文化积淀深厚，这是一笔文化财富，且必须借助教育的途径聚敛。学校是体育的摇篮，是原始体育走向规范化、科学化的必经之路，随着民族体育进入学校，已经成为现代文化教育的重要组成部分，并且标志着古老的原始体育形态已经成了人类社会自成体系中的独立分支，民族体育走上现代体育曾经走过的路，成为一条必由之路。

第一节　民族体育的起源及发展

一、民族的概念

在与世界各国的交流及交往过程中，结合语言的互译，"民族"一词在中国近百年来开始逐步形成了广泛使用，但是由于世界各地逐渐出现"民族"这一概念与各个地区、各个国家族群形成的发展历程，以及与当地社会、经济、文化等多个角度发展历史密切相关，所以，对于"民族"一词的内涵无法实现在世界各国之间产生，并且保持绝对一致的定义。

英语"nation"一词含有"国家""民族"的双层意义，而在古代汉语中"民"与"族"是两个完全不同的概念。从有关数据研究方面表明，关于"民族"的概念大致形成了三种说法。

第一种，长期以来被采用较多的概念，即民族的产生与资本主义民族国家的形成处于同步状态，也就是说，欧洲资产阶级文化与政治运动的兴起之后，才有了民族与民族国家。而在当代中文里，民族与国家的含义区划较为分明，民族学意义上的"民族"有着较高的文化内涵，其中包括风俗习惯乃至种族等多种因素，而在国际是一种政治学层面上的词汇。

第二种，民族概念泛指人类在处于不同社会发展阶段所形成的各种共同体，即"民族是人们在历史上所形成的有共同语言、共同地域以及表现与共同文化特点上的共同心理素质的稳定的共同体"。

第三种，马克思和恩格斯指出："城乡之间的对立是随着野蛮文明的过渡、部落制度向国家的过渡、地方的局限性向民族的过渡开始的，贯穿于全部文明的历史并一直延续至今。"根据这种说法，古代埃及、印度、中国等都已经形成了民族。

"中华民族"兼含文化与地理的含义，与外国民族相对来说，指"中国古今各民族，即由众多民族在形成为统一的国家的长期的历史发展中形成的民族合体"。中华民族包含了56个民族的总称，在数千年的历史长河之中，各个民族之间频繁接触，促使了民族之间的文化融合。因此，尽管我国境内的民族是比较多元的，但是在文化上是一体的，著名的学者费孝通先生将其称为"中华民族的多元一体格局"。

总的来讲，民族是一个历史范畴，主要是指人们在历史上所形成的以地缘关系为前提的共同体，有一个发生、发展及消亡的过程。共同的地域与共同的经济生活是民族形成的基本条件，共同的文化及共同的语言是民族的客观特征，民族自我意识以及民族自我称谓是充分反映民族形成条件以及民族客观特征的根本要素。

如今，我们所使用的"民族"一词不仅是一个相对来说比较单纯的、自然科学的生物或者物理概念，而是有着社会、文化、经济等内涵十分复杂的，且具有一定地方性色彩的"复合型"概念。所以，"民族"的概念较为广泛，适用于古代社会、近代社会及当今世界不同文化实体的概念。

二、民族体育的概念

关于"民族体育"方面，有的人认为"民族体育的概念通常用于表述与世界范围之内规范传播的现代体育竞技活动相对的民间传统体育活动"。也有人认为"民族体育指的是作为近代体育的前身的一些民族民间传统的体育及娱乐活动。"但是将"民族体育"与"现代体育"相对应，或者仅依靠时间方面的界限界定民族体育存在着逻辑关系上的问题是比较片面的。从概念的隶属关系而言，民族体育作为上位概念，应该包括民族的传统体育与民族的现代教育，从严格意义上来说，民族体育不一定具有传统性，也包括了民族现代体育。民族体育是限制于民族内的，现代体育是各民族共同接受的。

随着民族与民族文化的高速发展，体育事业也逐步经历了形成、传播、融合等方面的文化发展模式，部分体育项目始终为个别民族所实践，部分体育项目则扩散传播至更多的民族。某些体育文化在形成、发展过程中被赋予了千姿百态的文化内涵。例如，我们国家许多民族都有着自己独特的武术，但是其所呈现出的文化形态各有千秋，许多民族都有自己的射箭运动，但其活动方式及所蕴含的文化思想各不相同。民族体育的发展机制主要是某项民族体育由于受到特殊的地理环境、生产方式等多方面限制，所以只能被本民族所接受、实践，当然，也有诸多的体育运动是经过了人为改造之后才逐渐传播至其他民族的。总而言之，作为一种极具独特发生发展机制的文化类型，民族体育与全世界范围之内普遍流行的世界体育之间存在着比较大的差异，并且具有古朴、自然、和谐等特点，更是当今体育不可缺少的重要组成部分。

民族体育不仅是指少数民族的体育，我们国家通常将各个少数民族称为"民族",主要是根据斯大林的定义以及民族产生的历史阶段观点。结合逻辑角度分析,一个过渡中的各个族群是共同生活在一个具有社会性质的大环境之中的,他们之间不应该具有社会形态方面的断裂或者隔阂,否则他们之间也就没有了联系,或者没有需要共同面对的问题了。

三、民族体育的起源

体育的萌芽实际上与艺术的萌芽大同小异,且都与劳动、军事、生活等方面有着密切的关联,受到了生产力水平与认识自然、改造自然的能力方面限制,出于生理、社会等需要,从远古时期开始,不同的民族就创造了丰富、多样、多彩、有趣的传统体育与体育节庆等活动。

(一)生产劳动、生活节律的需要

在原始的生产方式条件影响之下,拥有强健的体魄往往是人们生产、生活所必须具备的基本条件,这是一种比较现实的需要,并且能够使人们意识到对体能以及技能方面的锻炼有着十分重要的作用。生活在草原、山林的部落族群在日常生产中离不开奔跑追逐、投掷射击等身体活动,因此,逐渐产生了赛跑、射箭、赛马等体育活动形式,这都与生产活动有着密切的联系。

大自然的一切都是有一定节律的,人类生产、生活方面大同小异,同样需要张弛有度,许多少数民族体育皆是人们在劳动间隙而创造出来的。比如,人们在劳作之余把黄泥揉成团,再互相击打对方腿脚,并且跳跃躲避对方打来的泥团,以求能够获得一时的放松,"打泥脚"的体育活动由此形成。少数民族由于所处的地理环境及自给自足的自然经济因素,使得他们与外界的交流、往来比较少,日常生活比较枯燥、单调,许多的体育活动都是通过他们在日常生活中所创作的娱乐项目,这是他们充实自己生活的一种重要方式。例如,壮族的打陀螺、打铜钱、倒立竞走等运动项目,都是以此创造的。

（二）军事训练的需要

各个民族在早期的发展过程中，为了族群生存及民族利益，与其他民族时常发生争端，从劳动中所产生的体育技能往往也能够应用于战斗，如在古代就有了"阪泉之战""涿鹿之战"等。作为一种比较直接的动力，军事战争方面的需要使体育促进了赛马、射箭等具有军事功能的民族体育项目的发展，并且逐步产生了诸多富有趣味性的训练方式。例如，壮族传统的体育活动中，有妙趣横生的"板鞋竞速"，这原本是壮族女将军瓦氏夫人训练士兵的方式。

（三）原始信仰的需要

从人类的发展历史上来看，万物有灵曾经是原始人类对于自然界的概括认知，超自然的神成了人与自然界中的最高主宰。这种对于自然现象与社会现象的认识，促使人类童年时代对于无所不在的自然力量充满着好奇、疑惑以及恐惧，同时，产生了征服自然、支配自然的原始巫术行为，带有一定的信仰崇拜性质。在远古时期，巫术是一种最为盛行的信仰方式，个体对于世界的无力感是巫术产生的根源。

世界上基本上所有的原始民族都有巫术，并且几乎所有的无数活动都采用过歌舞的形式。为了取得战争胜利，巫术逐渐升级成为大型的武舞。巫师就是舞师，可以称作远古时期的"体育老师"，巫师在武舞过程中的每一个身体动作往往表现出了最原始的身体文化。这些舞师司掌的习舞事宜，是潜体育的形态，成了原始教育中的主体内容。

巫术与游戏形式在人类原始欲求的诸多因素中对于民族体育的起源影响是举足轻重的。随着时代的不断进步与发展，人们开始学会了用科学知识、科学技术等对身体活动进行改造，从而导致了近代、现代体育的诞生。但是，根据人类学家泰勒的依存理论来讲，体育萌芽会在传统文化中渊源流传，并且十分顽强。

（四）经济活动的需要

在自然经济时代下，散居在山区各个村寨的西南少数民族人民因为农事比较繁忙及交通不够便利等多种因素限制，一般只在节日时相聚。许多传统的节庆汇集了信仰、经济、娱乐等多种功能，也是商人们比较难得的交易时机。除此之外，有许多的体育活动以及节庆本身就是为了商业活动往来需要而产生的。例如，号称"东方橄榄球"的抢花炮就是极具特色的侗族传统文化体育活动，在节庆期间，村民们将自己的土特产卖掉，再购买自己所需要的日用品。由此我们可以看出，花炮节也属于民间贸易盛会活动。

四、民族体育的发展

现如今，民族体育已经逐渐开始从单一的民族区域存在模式之中解放了出来，一部分民族体育已经逐渐进入世界体育的范畴内，民族体育也已经开始具有大众体育与竞技体育的双重特征，并且在以一种科学、合理的模式迅速发展。

（一）地域对民族体育的影响渐渐淡化

各个民族的体育活动主要是在共同地域之内所形成的，共同地域可以看作是一个民族长期共同生活并发生一定内部练习的空间条件。自古以来，中国就有着"南人善舟，北人善马"之说，实际上这就是对于地理环境影响人类身体活动的一种概括。随着如今社会的发展，尤其是交通变得更加发达，传统的体育从狭小的地域之内放射性地迅速扩大了范围影响，随着各个民族交往越来越密切，传统体育得到了飞速发展。例如，我们国家少数民族体育活动在千百年以来一直固定在有限的地域之内，而通过举行的全国少数民族体育运动会，将赛马、摔跤等多种少数民族传统体育项目发展成了各个民族共同的体育竞技项目，并且使其开展活动的地域大大拓展。与此同时，随着民族体育开展空间的扩大，21 世纪的民族体育将会成为增强人们参与体验的一种特殊化形式。

人类是由众多的民族组合而成，同一个民族由于长期共同生存于一个地域、环境之中，所建立起来的经济、文化联系是密不可分的，并且逐步形成了共同的心理状态、风俗习惯等。正因如此，随之产生了一种比较特殊的关系与凝聚力，从而构成了一个比较稳定的共同体。从整体的视角上来看，每一个民族都有自己的优势与弱势，民族之间最为明显的差别表现在文化方面。因为民族文化是在一个漫长的历史发展过程之中自然而然形成的，必将在日后相当长的一段时期之内持续存在，即使地域方面的影响会逐渐变得淡化，但是民族体育与文化之间的差异在一段时间之内仍然会存在的。

（二）民族体育融入学校

民族体育可以说是一笔无形的文化遗产，必须借助教育方式延续、发扬、继承。民族体育融入学校教育中，同时又是大文化的组成部分，标志着古老的原始体育形态已经成为人类社会中一个自成体系的独立分支。我们应该对这一民族独有的宝贵资源给予高度重视，并应珍视这些资源，选择在当代学校教育中融合、普及，能够丰富当代学校体育课堂内容的同时，加强对民族文化的弘扬，这样可以获得深远的社会效益。

民族体育进入当代学校之后，能够为中国体育的蓬勃发展带来新气象。民族体育在当代学校中的开展，将是一种有效提高学生人文素养教育的重要手段。这不是古代传统体育的一种简单回归，也不是对于世界体育的单纯依归，而是螺旋上升中的必然趋势，是有效统一现代体育发展的有机成分。民族作为比较重要的历史范畴，其主要的发展趋势是需要走向民族的大融合。今天，在全球经济一体化的背景之下，这种过程正在不断加快。各个民族通过长期、广泛的经济文化交流以及共同劳动生活，在各自的传统体育活动之中存在着继承、发展价值的内容，并且逐渐被大家接受，通过民族传统文化融合因素方面的积累，最终将使各个民族体育活动之中较为有益的成分被全人类所接受，从而走向国际化的道路。

（三）民族体育中的休闲娱乐价值被重视

如今，世界范围内的休闲时代即将到来，这对于人类而言是史无前例的。随着改革开放的深入发展，人们不再单纯满足吃饱穿暖的基础生存状态，而是开始重视提高生活的质量。因此，休闲时代必然将在体育事业中形成。

休闲是一种积极参与体育的生活化方式，是人们所追求的境界，更是人类社会文明的重要标志之一。东方的农业文明积淀深厚，尤其是在作为东亚文明代表的中国，民族体育蕴含着特有的文化特点，且注重身心在大自然界中的直接感受，体现了更加生态的休闲文化。中华文明历史孕育了独特的休闲娱乐文化，充分体现出了中华文明的生态保健观念。中华娱乐精神在现代化的体育活动之中体现出了鲜明的民族特色，具有东方文明观念的民族体育也会在如今人们追求小康社会的条件下取得更大发展。

传统体育中所蕴含的休闲娱乐及人际交往功能越来越被重视，受到现代化体育的影响，休闲娱乐及人际交往等功能正在被从不同的角度重新研究、认识，并且日益明确的被赋予了一定的健身、教育意义，逐渐聚合于现代娱乐的潮流之中。尤其是当今社会迎来的知识经济引发了人们追求新奇的无限欲望，民族体育能够为现代学校体育赋予鲜明的色彩。

中国的休闲观念提倡与自然和谐同步的精神，比较符合生物节奏，是后现代生态文化中比较值得珍视的良性休闲娱乐资源。中国传统文化的根源与大自然之间有着比较和谐的关系，两者相互依赖，更符合人性的现实需求，也深深影响着在自然经济土壤中所诞生的传统体育活动。在西方文明无法化解人类种种困惑、危机的情况之下，以及西方体育开始受利益驱动严重异化的情况之下，代表着东方文明的休闲娱乐精神能够成为人类身体综合发展的积极方向。

（四）民族体育是多元文化的传播载体

多元文化的主要前提是：每一部分皆趋于成熟，多元文化之间能够实现平等交流、讨论、学习，多元文化拥有共同遵从的基本原则，基于人的发展的价值评判，任何一元文化都应该服从于个体人的自由选择，以人类进步为社会进步的衡量标志，多元文化共同致力于人类进步与人类自由，实现没有任何特殊性的一元文化，其中任何一元文化都是可以讨论的，等等。实现文明共存或者多元文化的科学方式是应该打破文化的割裂。

中华传统文化有着几千年的悠久历史，其源远流长，且为世界史上所罕见。同样，中国的民族体育文化也不能被世界体育发展同化，与之相反，中华体育文化正在不断为新时期的体育文明多元化共存做出自己的贡献。自改革开放以后，民族体育文化逐渐复苏，在体育全球化进程中，民族体育文化表现出了顽强的生命力。

在未来的社会发展中，民族体育的多元文化价值将会被给予充分关注与肯定，一部分的民族体育形式将会逐步得到完善，并成为规范化的国际经济项目。但是民族体育的主体部分将仍然会是非竞技化的存在，即使一些已经成为或者即将成为竞技化的体育活动，大多数也只能够成为一种对于世界体育地域色彩较浓的补充。作为民族文化的一种生动且凝练的表现形式，民族体育将在文化交流中发挥至关重要的角色，未来处于经济与文化优势角色上的民族体育将逐渐成为一种新型的文化传播载体。

第二节 民族体育的价值阐释

一、强身健体、修身养性

民族体育项目主要通过人们日常生产、生活方式产生，与身体活动形成较为密切的关联，着重要求人们直接参加运动，在有效实现娱乐身心的体育运动中不断改善、增强民族体质，提高各民族人民的身体健康水平。所以，强身健体就逐渐成为民族传统体育活动项目的主要功能之一，通过参与运动锻炼有效促进有机体生长发育，提高实际运动能力，并且改善、提高中枢神经系统的机能，调节人的心理发展，强化人体对于环境的适应水平。

在我们国家民族传统的运动会中，开展的竞技项目主要有16个，包括木球、毽球、秋千等，这些竞技项目对于身体素质有着比较高的要求，能够全面提高人民身体的各项机能。例如，拔河、跳绳、荡秋千等具有浓厚民族特色的各种娱乐游戏类健身项目，更加适合广大群众进行锻炼，经常参与这些体育运动，不仅能够实现强身健体的目标，同时还可以修身养性，有效促进身体的全面发展，提高人民的生活质量。

联合国开发计划署在《人类发展报告》中明确指出："人类发展实际上是一个提高人们生存机会的过程，从总体的角度上来看，健康、长寿以及幸福美满的生活是人类发展的基本标志。"并且提倡娱乐、健康第一，通过愉悦而健康的身体活动有效地提高人们的生活质量，成了现代化体育发展的一种新趋势。从宏观角度上来看，民族传统体育为全民健身活动的开展提供了丰富多彩的练习方式与练习形式，展现了无限的发展空间，其与全民健身活动的统一，是民族文化与体育文化发展的价值回归。

二、自娱自乐，沟通情感

民族传统体育主要是以娱乐身心为主的活动形式，重点在于人的身心需要及情感愿望等方面的满足，通常不以超高、复杂的技艺对应大众，而是以一种自娱自乐的游戏性活动方式迎合大众，促使人们在这种娱乐性的体育活动中，直接获得令人愉悦的情感挥发。由简单易行、随意性较强的项目至技艺精巧、有规则要求的竞技，由因时因地、灵活自由的娱乐嬉耍至配合岁时节令的民族体育，民族体育在融合了宗教礼仪、生产劳动的基础上，还与文化艺术形式、民族舞蹈等方面相互融合，这使民族传统体育活动的娱乐性得到了充分的体现。

民族传统体育活动以一种比较独特的魅力与积极健康的文化娱乐方式受到了人们的喜爱，并且吸引着越来越多的人参与其中，成了人们休闲生活中的主要内容之一。通过举办一次体育活动，往往能够成为民族的盛会。例如，2003年中华人民共和国第七届全国少数民族传统体育运动会一共有34个代表团，参与比赛的人数将近万人，规模较大，可谓是民族情感与文化交流的盛会；再如土家族正月初三至十五举办的摆手舞，氛围比较热烈，风格独特，并具有浓郁的民族特点以及欢乐的氛围。除此之外，传统的民间游戏活动内容十分丰富，元宵观灯、舞龙舞狮等不计其数。这些游戏活动在流传与演变的过程，得到了丰富发展，形成了独特的风格及娱乐形式。人民群众以观赏此类文娱、体育表演活动获得乐趣，不仅能够有效拓宽社交范围，增进相互之间的情感交流，还能够使人们形成一种积极向上、乐观开朗的心理情绪，达到良好的状态。同时，拔河、荡秋千等活动也存在着相当的娱乐成分，深受人们的喜爱与追求。

三、教育意义，传承文化

从体育运动的本质来看，其本身就是一种极具说服力的教育手段，对于整体的社会教育作用十分广泛，且教育意义深刻。在人们的现实生活中，体育教育通常能够在无形中影响人们的价值观念、道德观念和审美观念等，甚至影响着人们的行为模式。

我国民族传统体育的产生至发展始终与教育有着无形的联系，其作为教育的一种主要手段与内容，在历史发展的过程中发挥了至关重要的作用与意义。

民族传统体育在人类早期教育事业中，主要是通过娱乐游戏、舞蹈等身体活动方式而实现的，在没有文字与书本的时代中，教育主要依靠口传心教、模仿等多种形式有效达到传授知识的目的，可以看出，其具有早期启蒙的功能。根据《中国古代教育史》中的记载："人们除了在生产实践、劳动活动之中受到教育之外，又在政治、经济等活动中受到教育，人们利用游戏、舞蹈、唱歌等方式进行教育。"在西周时期，学校教授的主要内容为"礼、乐、射、书、御、数"六艺；春秋末期，我国著名教育家孔子将礼、乐、射、御等与体育有关的内容纳入教育的范围之中；唐代创立了武举制度，武举科考试专门设立了骑射、步射以及举重等体育项目。近代，以武术为主要内容的民族体育被列为学校体育课程；在进入现代之后，民族体育在学校教育中得到了前所未有的发展，诸多高等院校将民族体育专业作为重点，并且为民族体育专业的学生开设了武术、五禽戏等课程内容。与此同时，摔跤、围棋等也作为民族体育项目，并进行了一系列的有关教学活动。另外，幼儿园与小学体育课中也编入了骑竹马、跳山羊等活动，还有一些地区将荡秋千、毽球、木球等传统体育项目列为课外的体育锻炼活动。如此，将民族传统体育教学融入学校体育教育中，有效实现了教学内容的丰富与充实，可以激发、调动学生参与体育练习活动的积极性与主动性，更能在无形之中培养学生坚强的意志品质以及团结合作精神，继承、发扬中华民族的传统优良美德。民族传统体育也是有效增强学生民族自豪感以及民族精神的有效方式，在文化传承方面，民族传统体育充分体现着自身的教育价值。

四、发扬民族传统体育，推动社会经济进步

民族传统体育活动主要内容大多数与生活方式有所联系，以经济活动为基础。

民族传统体育资源比较丰富，呈现出主体化、广泛性以及地域性等多种特点，借助民族传统体育资源有效建立本地域特色经济，对于推动民族地区经济的发展起到了比较特殊的意义。开展民族传统体育能够促进体育产业的快速发展，如建立民族体育竞赛表演市场、健身娱乐市场等，组织比较精彩的民族传统体育项目比赛活动，加强广告宣传及电视转播等，从而取得一定的经济效益；扩大人们文化教育体育消费与健身娱乐消费的市场空间，进一步丰富民族传统文化内容，满足人们日益增长的健康消费需要；从民族体育服饰、活动器材等角度出发，建立有关的经济实体，促进民族体育用品的制造，提高销售量。此外，还可以将具有区域民族特色的民族体育与旅游基地相结合，从而开发体育旅游资源，带动区域性整体经济的发展，促进经济效益与社会效益双重提高。

五、培养民族认同感，增强凝聚力

在民族发展的过程中，随着时代的变化及民族之间的融合，民族形成时所具备的共同地域、文化内涵等都有可能发生不同程度上的变化。

虽然经历了诸多的变化，一个民族仍然存在并发展，其主要支柱就是民族认同感，构成民族认同感在于人们对一个民族存在于发展的态度。而民族传统体育活动正是起到了使本群体、本民族自我认同的重要作用。例如，端午节举行的龙舟竞渡活动，其主要产生的基础是龙腾图崇拜的遗存形式，但是在其传承的过程中，屈原这一人物也得到了后代的认同，这是一位凝聚着中国传统理论道德与价值观念的著名历史人物，这样人们就产生了比较强烈的民族自豪感与自信心，有效增强了民族向心力、号召力等；再如，舞龙、斗牛、摔跤等传统体育活动多是以

集体为单位参与比赛，参与者除了具有强烈的竞争心之外，还有着集体荣誉感。所以，参加集体性的民族传统体育活动有助于培养人们团结、协作的精神，强化其群体意识，对于强化人们的民族认同感与凝聚力有着至关重要的意义。由此可见，民族传统体育以较强的吸引力、聚合力，促使人们的态度与行为在具有个体差异的前提之下，聚集于一定的文化运动轨迹上，从而整合成一个比较普通的文化现象运动势态。

民族传统体育是一个承载着文化的载体，担负着民族之间相互联系与交流的纽带价值，在中华人民共和国成立之后，我国有关部门给予民族工作高度重视，为了有效增强民族之间体育文化方面的交流，到2022 年曾经先后举办了十一届全国少数民族传统体育运动会，比赛的规模以及参赛的人员日益扩大，各个民族欢聚一堂，不仅有效振奋了民族精神，促进了各个民族之间的团结一致，同时也大大推动了民族事业发展与繁荣。在进入 21 世纪以后，中华民族逐渐实现伟大复兴，作为一个统一多民族的社会主义国家，倘若没有各民族地区生产力的解放与发展，那么则无法取得中国特色社会主义现代化建设的胜利。对此，加快各民族地区体育事业的进步，着重开展各民族传统体育活动，对于加强各民族的团结以及政治的统一，进一步有效实现富民、兴边、康体等有着关键意义。由此可见，民族传统体育对于加快社会的进步，推动国家高速发展仍然发挥出重要的功能。

六、竞技价值

竞争是现代人类社会发展中的主旋律，竞技也是现代体育活动的一大基本特征，体育正是通过竞技、较量以及比赛等形式来进行表现，运动员也只有通过竞技比赛相互进行较量之后，才能检测出自己的真正实力。许多民族传统体育项目都是需要进行同场竞技的，有的还应有直接的身体对抗，有的体育项目虽然不属于对抗性的项目，但是仍然需要在一定的规则与标准之下分出胜负。正是由于民族传统体育的竞技价值，才使民族传统体育更加具有观赏性。有的传统体育项目正是在历史发展的过程中根据制定相应的规则体系，展开一系列的竞技比赛运动形式改造，这样才能够成为当今民族传统体育中的一员，否则，只能称作一种娱乐、表演而已。如今，体育方面竞技能够充分体现出民族的国力、体力等，体育事业与国家整体形成构建达成了契合。例如，以武术为代表的民族传统体育项目已经走向了世界体坛，并且正在为进入奥运会做努力，以后会有越来越多的民族传统体育项目出现在世界体育竞技的舞台上。竞技是当前民族传统体育的重要功能，也只有通过竞技，民族传统体育项目才能逐渐成为世界各国体育文化交流的主要部分。

第三章 民族体育融入学校体育教育的合理性分析

民族传统体育实际上有着健身、健心、社会等重要价值，深受广大群众的关注和喜爱。在21世纪，逐渐将民族传统体育引入学校课程，并开展民族传统体育，对于民族传统体育文化方面的传承、发扬及学校体育课程的发展等多方面产生了积极的作用。

第一节 学校体育发展的现状

一、我国学校体育教育的现状

（一）幼儿园体育教育现状

根据我国《幼儿教育指导纲要》中的明确规定，幼儿体育教育主要应包括基础的体育动作、基本体操以及队列队形练习等。但是针对我国目前的幼儿园体育教育落实情况来看，幼儿园体育教育相对来说缺乏全面、系统的实施内容，存在着较大的盲目性，具体表现在如下几个方面。

第一，我国目前的幼儿园体育教育中主要包括走、跑、爬等动作，这些皆符合幼儿年龄特点，并且没有较高的场地设施要求，相对易于组织。但是在有关幼儿跳、投之类的体育教材之中，教师往往难以掌握有关动作的技术与组织教学，所以这类的体育活动相对来说出现比较少。

第二，在现阶段的幼儿园体育教育活动中，体育与卫生教育相对来说出现了严重缺失的现象，这主要表现在两个方面。一方面，《幼儿教育指导纲要》中并没有专门对幼儿园体育卫生教育的要求与内容；另一方面，由于一部分教师对于体育理论基础的掌握比较薄弱，所以直接导致难以将幼儿体育教育与体育卫生教育相融合。

（二）中小学体育教育现状

首先，在中小学体育课程中，大多数学校侧重于术科教学，且教学的具体内容比较陈旧，存在着烦琐、困难等多种状况，不利于充分调动学生参与学习的主动性。

其次，我国目前的中小学体育教学中，所沿用的模式比较单一、无趣，实践教学活动中也通常因为涉及的运动项目太过于广泛而枯燥难懂。从表面上来看，这似乎有助于学生的全面发展，但事实却是教师难以根据学生的兴趣组织教学活动，学生也难以积极参与。长此以往，我国中小学的体育教育模式难以适应、满足新时期体育与健康课程教学的需求。

最后，我国的中小学体育教学中，教师在授课时普遍属于传习性教学，教师的教学工作常常与体力、重复、传递等概念相关联。一般而言，对于体育教育工作的认识停留在按部就班的重复性锻炼上，缺乏技术含量。

（三）高校体育教育现状

首先，高校体育教育的总体目标是"育人"，但是因为缺乏具体的体育教学内容以及对学生全面素质培养的基本方式、手段，在高校体育教学实践中仍然表现为重视增强学生基本的身体素质。高校体育过于重视"三基"的创收，忽视了对学生体育能力的有效培养，高校体育教学思想、教学体系、教学模式等都缺乏对学生个人体育能力方面的重视。

其次，高校体育课程中比较重视竞技体育项目，课程设置相对来说不符合促进学生终身体育观念的形成，同时也无法达成全面推行高校学分制的有关要求。此外，高校体育教学设备相对来说不够健全，缺乏结合实际教学内容创新运动设备的理念。

最后，高校体育教学的实际目标相对来说不够明确，学校及教师过于注重学生对于体育技能的掌握，忽视了学生运动创造性以及运动个性方面的发展。高校体育教师整体的水平尚有待提高，我国目前的高校体育教师综合能力与其他学科教师存在着比较大的差距，他们大多属于技术型的教师，这种现象不利于教师自身以及高校体育教学的进一步发展。

二、我国学校体育教育发展的现状与趋势

（一）重视学生终身体育观念的养成

传统学校教育是"学术模式，科学家与工程师仅仅是他们的教授的复制品"，但是在进入 21 世纪之后，学校教育的方方面面发生了一定的变化，对于具有广泛适应能力与创新意识的综合型人才培养越发重视。联合国教科文认为"必须给教育确定新的目标，必须改变人们对教育作用的看法。扩大教育新概念应该使每一个人都充分发挥并加强自身创造潜力，也应有助于挖掘隐藏在每个人身上的财富。这意味着要充分重视教育的作用，不再单纯把教育看作是一种手段，而是达到某一目的的必由之路。"由此可见，当前阶段的学校体育教育应更加重视学生学会认知、学会共处、文化品质及终身体育教育等素养培养。

"终身教育"是由法国教育家保尔·朗格朗在 1965 年提出的倡议，他认为学校教育应该为终身教育承担重要的角色与引导作用，开始重视

加强学生全面发展与体育终身意识的培养。就目前而言，人们日常生活中越来越重视体育的意义与作用，"终身体育"对于学校体育教学也产生着潜移默化的影响。

（二）推进学校体育课程的深化改革

21世纪以来，我们国家迎来了新一轮体育课程教学改革，教育部门在2003年颁布了《普通高中体育与健康课程标准》，于次年开展了试点教学。随着高校教育的快速发展，体育课程改革受到了学校的重视。

（1）新的体育课程标准不再仅仅是单向体育知识体系的传授，而是更多的重视学生各项素质全面发展，重点强调了学生体育实践的能力，关注体育教学为终身体育服务。

（2）在学校体育课程的开展过程中，以学生体育认知经验掌握为主，重视学生体育经验的积累以及体育情感、体育态度等形成与发展。

（3）在学校体育课程开展的具体目标方面更加重视学生人性化发展，强调应灵活构建弹性化的课程内容结构，从而适应当前新形势下，当代学校学生多元化的体育需求。

（4）学校体育教学评价方面强调以学生实际发展为核心，而并非只强调学生的体育运动成绩。

（5）在学校体育课程教学改革的过程中，更加注重体育课程的分级管理以及体育教师在体育课程设置方面的主导作用。

（三）重视野外生活生存与拓展训练

从学生的角度而言，野外生存的趣味性与冒险性较强，这有着一定的吸引力，是当代学生所需要、向往的，在学校教育中适当开展野外生存训练，不仅能够有效提高学生挑战困难及解决问题时的心理素质，同时还能够有效发展学生审美情趣、环保理念等，多个角度促进学生发展。

我国在 2002 年正式启动了"大学生野外生存生活训练"的综合性实践活动，并在同年 7 月选拔了 140 多名大学生，根据课题组的统一领导部署，以各个学校体育教师带队进行了为期一周的野外生存训练，效果颇好。由此，野外生存生活与拓展训练受到了社会各界的关注，这也进一步为野外生存进入学校体育奠定了基础。

结合实践来看，野外生存生活与拓展训练有着明显的健身特点、体育魅力以及社会价值。随着我们国家学校教育的发展趋势，其必将会成为未来一段时间内，我们国家学校体育发展的主要方向之一。

（四）关注竞技体育在学校教学地位

竞技体育是体育文化中比较重要的一个组成部分，并且在当代学校体育课程教学中占据着重要的地位，其不仅能够有效增强学生参与体育运动的兴趣，提高学生体育运动技能水平，还能够培养学生积极进取的人生态度，促使学生学会如何建立良好人际关系。与此同时，更加能够有效强化学生竞争意识、团队意识等，提高学生协作能力与调节能力。由此可见，竞技体育是当代学校体育课程教学目标有效得以实现的载体，也是培养优秀人才的重要渠道。

从学生角度上来说，发展学校竞技体育不仅符合青少年的身心发展特点，还能够促使学生掌握运动技能，这对于学生充分体现自身的价值具有十分关键的意义。

从学校角度上来说，发展竞技体育是校园文化建设的重要依托，更是一种学校充实、丰富学生课余生活的重要方式。另外，学生还可以借助组织参加大型的体育竞技比赛提高知名度，可谓是一举多得。

从国家角度上来说，学校竞技体育是有效发展我国体育事业的需要，也是发展我国教育事业的需要。提高学生体育运动技能水平，为国家培养体育后备之才是学校体育工作中的根本任务；发展学校竞技体育，有助于促进学校课余训练的开展，并推动学生运动水平的整体提高。

总而言之，学校竞技体育的发展既是学生、学校及国家的现实需要，又是有效促进三者良性发展的条件，所以竞技体育将会成为学校体育事业中的必然发展趋势。

（五）建立体育形象对国家形象的影响

结合本质来看，教育主要是为了个人服务的，必须满足社会与国家的需要。国家对于任何人而言都存在着比较特殊的意义，包括学校、学生。在学校体育课程教学活动实施的过程中，教师应始终贯穿爱国思想、爱国主义教育，使学生能够在脑海中形成健康的体育形象，并且引导学生正确认识到体育形象的构建对于国家形象构建的重要作用。

当前，学界尚未对体育形象形成完善的界定，有关的学者简单的将体育形象界定成"体育活动发展的客观事实直接塑造的形象"。虽然这种界定使人们对于体育形象有了清晰明了的认识，但是并不够全面。体育形象可以说是一个综合体，由国家体育内部与外部公众对大众体育、体育机制等要素的认定。

如今的国际社会之中，体育所蕴含的外交能力较为突出，一些国家纷纷开始通过多种体育外交方式建立外交，也正是随着体育外交功能的逐渐扩大，使其在较大程度上成为国际社会评价一国形象的标注、筹码之一，这也进一步确立了体育形象对于构建国家形象方面的重要意义。总而言之，体育发展的水平可以直接体现出国家的整体形象，体育形象是国家形象的主要构成部分。经济、文化、教育等要素影响着国家形象的塑造，而学校体育涉猎了体育与教育两个方面。因此，重视加强对学生体育形象构建的认识培养，强化体育形象对于国家形象建立有着不可忽视的意义。

第二节　民族体育融入学校体育的必要性阐释

把民族体育引入学校教育中，对学校的发展及民族体育本身都有着极为重要的价值与意义，可以看出，民族体育进入学校体育教学是十分有必要。

一、民族体育融入学校体育对于民族体育自身的意义

民族文化多种多样的特征都能够在我国民族体育中表现出来，民族文化的深刻内涵也能够直接通过民族体育体现出来，如民族历史、民族艺术以及民族宗教等。民族体育能够将中华民族的理论观、审美观及价值观等充分体现出来，也能够充分表现出带有民族情感的内涵，所以民族体育成了组成民族传统文化的重要组成部分，同时，民族传统体育也是传承民族传统文化的一个重要载体。民族体育蕴含着无穷无尽的智慧力量，对于体育爱好者以及我国人民群众的吸引力较强，不仅有着许多的国人纷纷参与到了民族体育活动的训练中，甚至许多国外的体育爱好者也主动来到我国学习、探索民族传统体育，西方一些国家已经开始逐步接受我国民族体育中的积极观念与思想。

尽管我国民族体育人数在不断增加，也吸引着其他国家越来越多人参与，但是由于我国目前的民族体育正处于滞后发展阶段，民族体育与学校脱轨在较大的程度上影响于其自身的发展。传统武术作为民族体育的重要活动项目之一，已经逐渐进入了学校，成为学校体育教学中的主要内容，但是因为西方体育文化的冲击，所以导致武术在学校体育中的地位仍然不够高，并且因为人文教育色彩的逐渐淡化，竞技体育的色彩变得更加浓郁，导致其失去了原本的特色。如今，学校体育是连接体育文化与学校体育的主要纽带。

学校作为体育的摇篮，开展体育活动能够使原始形态的体育变得更加规范化、科学化，同时也能够使体育得到普及。国外的跆拳道、柔道等运动之所以能够迅猛发展，主要原因在于这些运动被融入学校教育，并进行以学校为媒介的学习、练习活动。随着传统体育融入当代学校体育教育活动之中，使其能成为当代学校体育教育的主要内容之一，并且有助于民族体育走向规范化与完善化。

从现阶段来看，在我国各个级别的学校体育教育中，对于现代化体育尤为重视，忽视传统体育的现象依然存在。想要全面推动民族体育发展，学校与教师需要积极转变思想，应用诸多新型的观念对民族体育加以分析、钻研。随着我国的快速发展，许多国外体育爱好者纷纷学习我国的民族传统体育文化，这在很大程度上促进了民族传统体育文化的发扬、普及，也有助于我国汲取、学习国外体育的先进知识。因此，我们更应担负起应有的责任，为促进民族体育的发展、传承不断努力，致力于全面将民族精神发扬光大。

目前，我国积极推行素质教育与终身教育，并强调着重振奋民族精神，这就需要每一位公民都担负起将民族体育推向全世界的重要责任，尤其是学校体育教育工作者更应明确自身的职责，以此为重任、义务，继承、弘扬我国优秀的民族传统文化。然而，对于我国传统文化、传统美德的弘扬则需要通过学校教育传播民族传统体育文化，社会的发展及学校教育的改革同样需要在学校教育中弘扬民族体育文化。

根据民族体育融入当代学校体育教育对于民族自身的重要意义，有关部门应积极转变思想、更新观念，充分对弘扬民族传统体育的重要性进行分析，形成全面认识，积极制定将民族传统体育引入学校教育中的战略，进一步促进民族传统体育的发展。

二、民族传统体育融入当代学校对于学校体育的价值、意义

（一）民族传统体育融入当代学校对于学校体育的价值

民族传统体育融入当代学校对于学校体育的主要价值体现在了三个方面，即生理价值、健心价值、社会价值。

1. 生理价值

（1）对于呼吸系统产生的影响。通过参与民族传统体育运动能够有效增强学生自身的呼吸系统功能，主要表现在以下两个方面。

第一，能够有效增强学生肺活量。肺活量即人体肺部可以容纳空气量的最高限度，人体呼吸系统的工作水平能够直接通过呼吸系统表现出来，因此，人们通常以测量肺活量的方式衡量自身体质状况，年龄、练习程度等都会在一定程度上影响人体肺活量的大小。通常来说，儿童、老年人与成年人相比，他们的肺活量平均值较小。有规律地参与民族体育运动的人，尤其是练习气功类运动的学生，与普通学生的肺活量相比明显大很多。

第二，能够有效促进呼吸肌发达。腹肌、膈肌等都属于呼吸肌，一般情况下，人体在进行民族体育运动练习活动时，其肌肉需要依托大量的氧气供应，与静止时相比较，这时所需要的氧气量比较多。人体在参与练习时，自身的呼吸节奏是需要与练习动作相互配合的，呼吸肌伴随着身体的运动进行有节奏的配合，可以锻炼内部腹肌、膈肌等肌肉，推动肌肉力量的强壮。与此同时，肌肉的舒张力也能够跟随着呼吸肌的壮大逐渐增强，在呼吸的时候结合一定的肌肉运动，肌肉运动幅度则能够随着呼吸肌的壮大逐渐增强，我们可以通过呼吸差衡量呼吸运动幅度的大小。呼吸差主要指尽力吸气与尽力呼气时，胸围大小变化的差额。学生通过合理、科学地参与民族体育运动锻炼，其呼吸差能够高出很多。

在呼吸时，由于气体交换频繁，更加有助于在参与民族体育运动时，人们自主细胞对氧气的需求得到满足。

（2）对于神经系统产生的影响。

第一，增强神经系统调节作用，人体通过参加民族体育活动，需要身体两侧之间的相互配合、协调，身体配合与协调有助于发展人体大脑。学生们在参与民族体育运动时如果遇到一些突发情况或者刺激，有助于其神经系统以及反应能力的提高，促使学生神经系统能够快速、准确判断外界环境的变化，并且适当做出身体上的调整，从而更好地适应外界产生的变化。例如，学生在参与传统武术训练的过程中，当其身体内所积累的热量到达一定程度时，其神经系统就能够及时、准确做出一系列反应，并且向有关的器官传达命令，从而增加皮肤血流量，促使皮肤表面毛孔得到扩张，汗液通过毛孔排出，从而达到消热效果。同理，在参与传统武术训练时，如果学生面临着寒冷刺激，其神经系统会做出一定的反应，令肌肉变得紧张，达到收缩毛孔与皮肤血管的效果，减少血流量，实现积热效果。

第二，强化神经系统反应的灵敏性与准确性，构成神经系统的主要部分是脑、脊髓等，学生通过参与民族体育运动，尤其是一些内功运动时，他们所做出的动作往往需要神经系统支配相关的骨骼、肌肉等完成。神经系统不仅能够调节、控制运动的过程，还能够直接对动作完成的方式是否科学、正确形成感受，在神经系统的支配作用下，经常参与民族体育运动的学生自身骨骼、肌肉等都会逐渐变得更加灵敏、准确。

（3）对于循环系统产生的影响。

第一，有助于强化组织与细胞活力，经常通过民族体育运动方式进行身体训练可以促使学生增加血液中的白细胞与红细胞。白细胞有着比较好的免疫能力，其能够促使抗体的产生，并且有效消灭侵入人体内的病毒、细菌，促使身体保持良好、健康的状态。红细胞中包含着大量的血红蛋白，血红蛋白有着较好的携氧能力。有着越多的红细胞也就直接说明在血液循环中，血液能够携带更多的氧气。当有了充分的氧气供应之后，身体就能够在比较轻松的状态下进行运动，否则容易在身体运动过程中感受到疲劳，民族体育运动能够有效增强组织与细胞的活力。通过对大量的实践研究可以看出民族体育运动练习能提高血液运氧能力，有效减少运动疲劳，同时也能够推动人体免疫力的有效提高。

第二，促进心血管系统改善，民族传统体育运动对改善人体心血管系统功能起到了举足轻重的作用，主要是由于在民族体育运动过程中能够强化血管收缩与舒张度，同时也会有效增加毛细血管量，促使血液流通更加顺畅，血液可以在短时间内流通到身体不同部位的组织细胞，同时，身体内不同的组织细胞也能够充分吸取氧气与营养物质。除此之外，经过身体内各个组织细胞代谢出的物质向排泄系统各个器官输送的过程也能逐渐加快，这种过程有助于增强肌肉耐力，更有助于缓解肌肉疲劳。参与民族体育运动锻炼对于人体本身的血管功能改善也是十分有利的，在参与的过程中能够促使学生心脏细胞对血液与氧气的供应更加充分，从而有效降低其患冠心病和心肌梗死等可能性。

2.健心价值

民族传统体育融入当代学校体育对于促进学生心理健康发展有着积极推动的作用，具体表现在以下五个方面。

（1）有助于发展学生智力。通过学校开展民族体育活动，学生积极参与体育活动及课外活动，能够使其自身智力水平得到大幅度提高，反映在以下三个方面：①增强神经系统功能方面有效提高；②促使应激反应的减缓，并推动脑力工作效果的提高；③在一定程度上消除人体疲劳。

（2）利于学生保持良好的心情。学生在参与民族传统体育活动的过程中，不可避免地需要参与实践锻炼之中，这时就应遵循一定的节奏规律，并且上下肢之间需要相互协调配合，促使身体各个部位能够全部参与其中，从而完成锻炼。通过学生全身部位参与民族体育活动锻炼，有助于使其肌肉紧张感得到缓解、消除，有规律的节奏能够帮助学生舒缓神经，使其情绪不断得到缓和，进而体验民族体育运动的乐趣所在。由于学生在进行民族体育训练活动过程中全身的肌肉处于放松状态，其精神也能够随着身体的放松而放松。基于此，民族体育运动不仅能够使学生得到放松与休息，而且能够使其维持良好的心情。

（3）有助于缓解紧张的情绪。学生作为社会中的成员，无论是在将来的学习，还是生活、工作等方面都会面临不同程度的压力，而多种多样的压力能够令人的精神处于比较低落、紧张的状态。学生们可以在适当的时间选择自己感兴趣的民族体育，甚至自主选择自己所感兴趣的运动环境，这样能使自己保持轻松、愉悦的心情。根据有关的研究发现，在体育锻炼的过程中，学生的大脑会受到刺激，从而促进"内啡肽"的分泌。"内啡肽"有利于缓解疼痛，促使紧张情绪能够得到调节，使人能够产生愉悦的感觉，并且有利于学生神经系统保持兴奋的健康状态，轻松投入传统体育活动学习中。

（4）有助于培养学生坚强意志力。学生在参与民族体育课程学习的过程中，他们往往会实践性地参与一些运动项目，由于诸多的民族体育运动项目是在激烈的直接对抗之中进行的，这就需要学生在参与活动的过程中除了具备基本的技术以及良好的身体素质，还应具备坚强的意志品质，从而应对对方所造成的种种阻碍，并且在优、劣势交替时控制好情绪等。由此我们可以看出，参与民族体育运动主要是学生在活动之中学会克服种种困难，从而实现预期目标的一种意志过程，同时也是考验学生勇敢、果断等意志品质的过程，实际上也可以将体育教育作为意志的较量。基于此，民族体育运动能够培养学生坚忍不拔、吃苦耐劳的品质，同时也能够培养学生良好的学习能力。

（5）对于学生自身个性形成较为有利。通常情况下，遗传因素、社会环境因素会对学生个性形成产生一定影响，民族体育活动在学生形成良好个性的过程之中发挥出了积极作用。在当代学校民族体育教学中，学生参与活动往往是身体的直接参与，并且民族传统体育活动的开放性较强，经常会出现时空的变化，学生之间也有着比较频繁的沟通、联系，这十分有利于学生运动效果的提高。由此可见，民族体育活动与其他活动相比较，其所具备的基本特征对于学生自身良好的个性形成更能发挥出积极作用，并且对学生参与民族体育活动的自主性提高，良好意志形成，以及社会主义核心价值观的建立等方面发挥了积极影响。

3. 社会价值

学校民族体育的社会价值体现在了多个方面，主要包括社会同化、社会传播、社会辐射、社会实践等方面。

（1）社会同化价值。从宏观角度上来说，"同化"即是一个人对他人的观点、态度以及行为自愿接受，能够使自己有与他人相接近的态度。学校民族传统体育中体现出来的同化价值主要是指学生社会化的过程。学校体育教育中比较主要的一个目标是学生社会化，其主要内容、要求与民族体育"教化"目标相一致。这主要是为了实现学校与社会环境之间所保持一种比较协调、平衡的关系，需要全面建设、深入发展民族体育，促使民族体育能够充分发挥出其在促进学生身心素质培养以及社会化方面的功能，进而推动学生的社会化进程的加快。

（2）社会传播价值。学校民族体育能够向社会中传播其中的精髓，主要是通过学生以及当代学校民族体育活动举办而实现，传播学校民族体育文化能够进一步推动社会整体民族体育的发展。正是因为学校民族体育有着较强的社会传播价值，所以深深影响了全民健身运动。只有通过自身文化的延伸才能够实现学校民族体育文化的传播价值，以学校民族体育文化的不同延伸方向为重要依据，可以分成纵向延伸与横向延伸两个方面。

纵向延伸主要是指学校民族体育文化能够在时间方面产生延续性的影响，具体是在校园之内，民族体育主要引导、培养学生这一主体的体育意识及行为，以学生为重要载体，时间方面延续对学生体育意识以及行为方面的影响，进而对大众体育与全民健身活动造成广泛影响。

横向延伸主要是指学校体育文化在空间方面造成的拓展性影响，具体而言，学生通过举办有开放性特征的民族体育活动，向社会开放校内的体育场馆设施，通过这种途径积极弘扬民族体育文化精神，进而更好地实现民族传统体育文化的传播。

（3）社会辐射价值。学校教育过程中担负着精神文明传播的职责，所以其文化层次相对较高。从个人的视角上来看，一个人通过不断学习与深造不仅需要对专业知识以及其他知识的学习、掌握，还需要通过用心接受精神文明洗礼，有效促进自身思想道德水平的增强，从而实现自身良好行为习惯的形成，这样才能够使学生在将来步入社会之后对他人造成积极影响，发挥出自己的价值。从群体的视角上来看，学校作为一个整体，是由多个个体共同组建成的，只有个体行为素质有所提高，整体素质才能取得提高，进而能够在文化方面达到新的境界。

除此之外，学校民族体育的社会辐射价值还体现于对学校体育文化建设的影响，主要体现在两个方面。

第一，当代学校开展民族体育，能够通过其中所具有的社会辐射价值有效培养学生文化素质，促进学生整体素质的提高。

第二，学校民族体育主要有着不同的传播形式、传播载体，并且能够对家庭教育以及社会教育的内容、形式等方面产生比较积极的影响。学生在学校内形成积极的传统体育锻炼思想，对其将来步入社会产生了良好影响，这就体现出了学校民族体育中所具备的社会辐射价值，这一价值更加有助于促进学校体育社会化的实现。

（4）社会实践价值。学生通过参与丰富多样的民族体育活动能够有效锻炼其社会实践能力，具体体现在以下三个方面。

第一，有助于人际关系的改善。在现代化的社会生活之中，学生们的学习节奏在不断加快，在这种学习环境中，学生们越来越喜欢封闭自我，导致生生、师生之间难以实现及时、有效的沟通，师生之间的情感逐渐出现淡化的现象，生生、师生之间难以通过良好的接触与沟通打造和谐氛围。学生整天埋头学习知识，除了一些比较特殊的活动外，学生们很难与其他人进行交流。通过参加民族体育活动能够有效地打破这种局面，无论学生的性别、信仰等多方面有多大不同，一旦参与到体育运动锻炼之中，就能够很快与他人互相交流、互相学习，从而形成融洽、和谐的人际关系。通过参与运动，学生之间能够相互传达信息，实现互通有无，相互交流心得，不断拉近距离。这样一来，学生们就能够在体育运动之中结识更多的朋友，他们之间相互帮助，保持着良好的人际关系，这更加有利于学生日后在社会中更好的发展与生存。

第二，有助于培养学生形成良好的竞争意识与协作精神。民族体育对于学生来说有着比较强的吸引力，主要是由于民族体育运动有着多种多样的形式，并且内容丰富多彩，所以学生会积极参与其中。无论是民族体育活动，还是体育比赛，始终贯穿着竞争、拼搏的精神。即使是一些充满着娱乐性的民族体育游戏活动，也反映出了强烈的竞争性，学生参与民族体育运动或者参加体育竞赛时，能够有效增强其自身竞争意识，培养学生团结合作精神。所以，在学生竞争能力的培养及团结精神养成等方面，民族体育运动都体现出了比较积极的推动作用。集体性的民族体育运动能表现出较强的竞争性与配合性，通过学生参与其中不但能够发展其自身技能，促进学生自身体能、技能等不断提高，同时还有助于帮助学生养成自觉遵守规则，以及团结协作、互帮互助的良好习惯，并在潜移默化中促进集体性民族传统体育活动顺利开展取得良好成效。

第三，有助于提高学生德行修养。民族体育运动另外一个比较重要的社会性实践价值主要在于学生能够通过参与活动，促进其自身形成良好品德。一个人良好品德的形成会受到理想、信念等多方面的影响，民族体育的实践性特征比较强，这容易对学生的德行修养产生影响。目前，当代学生的思想品德及心理素质等方面本身缺乏一定的教育，所以他们的社会责任感比较缺乏，并且出现了一些自私自利的不良现象。民族体育具有比较强的合作性特征，学生们在参与活动的过程中，一些任务需要他们之间互相协作才能够完成。可见，通过参与民族体育活动对于学生良好个性品质的培养有着较大的益处，能够使学生们成长为一个自信、自强的人。

（二）民族体育对于学校体育的积极意义

在 20 世纪末，体育与健康的价值就已经在学校体育中确立，在此之后，全世界所普及的体育与健康价值观念的教育工作主要由学校体育教育方面落实。如今，对于民族体育的健身、健心及教育等方面的价值，人们已经普遍认可，在学校教育中引入有着丰富价值的民族体育，能够有效丰富当代学校体育教育的资源，促进学生健康存量的大大增加。具体而言，民族体育对于促进学校体育教育发展所起到的主要作用有以下三个方面。

1. 民族体育助推学校全民健身的计划实施

全民健身计划实施的对象主要是全国人民，重点对青少年与儿童实施，学校体育是实施的突破口。但是，由于我国经济发展还不够平衡，地区之间有着明显的差异，所以导致一些偏远地区学校无法真正落实体育教育，这也就难以顺利实施现行的体育课程教材内容，进而影响全民健身计划的深入推行。

民族体育融入当代学校体育教育，能够以不同民族与地区学生的实际需求为依据，结合学生身心特点及兴趣爱好等，选择与之相符合的民族体育项目，并将精心选择的民族体育项目在各级各类学校中推广，从而使民族体育顺利成为课程教学的内容以及课外体育运动项目，并促进其不断完善、普及。

与此同时，通过民族体育的开展能够为学生终身体育思想打好坚实的基础，促使学生更加自觉、自主地参与体育锻炼，帮助其形成良好的习惯。学生们在学校学习中对民族体育的锻炼方式熟悉之后，就可以在将来增加就业成功率，甚至有成为社会骨干的可能性。学生们在进入社会之后，可以在社会的每一个角落中对民族体育进行推广，并且带领群众开展一系列的民族体育活动，从而使社会与学校体育产生一定的联系，促进全民健身计划的顺利、有效实施。因此，通过民族体育融入当代学校教育，能够推动学校全民健身活动的顺利实施。

2. 民族体育对学生终身体育意识的影响

终身体育意识并不是在某一个时间之内的主流体育项目，或者是某一个形式的体育，而是与社会体育、学校体育等有着密切的联系，确保体育教育的系统化、完整化，从而贯穿人的一生。民族体育属于健身养生活动，是以追求个人与自然以社会实现最大限度的和谐为目标，从根本上来看符合终身体育的目标。终身体育主要以学校体育为基础，而有着强烈民俗色彩的民族体育项目为学生的终身体育良好习惯养成提供了重要基础。

3. 民族体育对于学校体育的其他影响

在学校体育教育中引进搏击类、竞技类的民族体育项目，不仅能够对学生的身心、性格等多方面产生影响，同时还能够有效促进社会秩序稳定发展，加强学生国防意识。当代学校落实民族体育教学，可以在无形之中强化对学生的爱国主义情感，增强学生民族自信心。此外，诸多民族体育融入学校中还有助于解决学校体育教育、体育健身等投入不够等问题，丰富当代学校体育教学内容及模式。

第三节　民族体育对校园文化建设的意义生成

民族体育与当代学校体育结合，对于校园文化的契合部分主要体现在校园体育文化方面，民族传统体育有着较为深刻的文化内涵，其中包括物质文化、精神文化以及制度文化三个方面。而学校体育文化同样包括了这三个方面的内容，将民族体育融入当代学校体育教育中，对于校园文化建设方面有着重要的意义。

一、民族体育的文化概念与属性

（一）民族体育文化的基本概念

1. 文化的基本概念

总体来看，文化分为广义与狭义两个角度。广义文化包括一切物质、精神方面财富，可以说是人类作用和自然界与社会成果的总和，又被称为"大文化"，着重在于人类社会与自然界的本质区别，狭义文化包括道德情操、学术思想等，主要是指意识形态所创造的精神财富，其专注于精神创造活动与结果，又被称为"小文化"。狭义文化从属于广义文化，两者之间是不可分割的。

2. 民族体育文化的基本概念

民族体育文化主要是各个民族在发展过程中所形成的全部体育文化，对于民族体育文化的研究主要包括民族体育与传承文化的关系、民族体育的文化内涵、民族体育的文化属性。

民族体育与传统文化的关系主要表现在民族体育的多元生态文化

圈、民族体育的民俗、民族体育与经济文化类型三个方面。其中，在民族体育文化生存与发展中，生态环境是不可或缺的因素，民俗对于民族传统体育文化的影响至关重要，经济文化类型在较大程度之上影响着民族体育文化的发展。

民族体育的文化内涵包括民族体育物质文化内涵、民族体育精神文化内涵及民族体育制度文化三个方面。民族体育的文化属性大致可以分成生产性、地域性等方面。

（二）民族体育文化的属性

民族体育的文化具备整体性、礼仪性、道德性等特征，并且逐步形成了崇尚礼让、和平的体育生态环境。我国民族体育文化的基本模式是保健性、表演性，有伦理教化的价值取向，以及尊卑有别的等级观念等。

1. 整体性与和谐性相统一

民族体育主要以"天人合一"为重要基础，将自给自足的农业经济作为土壤，重点强调了整体性与和谐性的相互统一，所谓"推天道以明人事"，中国人通常将天作为打造人生理想的参照物，天人关系是中国传统文化中的基本命题，古代人通常认为自然界是不能被征服或者被改变的，如此导致了华夏祖先抗争精神的匮乏。

在民族体育文化的范围内，人与自然的本质实际上是相统一的，民族体育文化的突出特点在于重视精神与过程，轻视物质与结果。除此之外，中华民族体育通常注重用整体概念对人的运动过程进行描述，并且探讨各种活动与外界之间所存在的联系。例如，气功、太极拳等，主要都是通过意识活动与肢体锻炼有效达到"与天地神相交通"，充分体现了民族体育重点在于整体效益以及追求身心与自然协调发展的健身价值观念。从整体上来讲，民族体育项目的锻炼大多数采用基本功练习以及完整练习相结合的模式，这也直接体现出了中华民族追求"采天地之气，铸金刚之身"的理念，以及追求平衡的思维方式。

2. 重视理论教化价值取向

由于儒家传统文化在我国的影响深远，导致我国民族体育比较重视理论教化，将道德理念的展示作为标准，将道德作为人的基本需要，所以，民族体育成了一种重要的手段，坚持寓教于乐的基本原则，追求在竞争之中实现培养、升华道德的目标。诸多的规范与衡量民族体育的价值标准，明显体现出了民族体育理论教化的基本意图。

3. 追求平和、宽厚的理念

民族体育活动实际上与各个民族的民风、民俗等有着较为密切的关联，并且对文化方面有着更深层次的追求。通过参与民族体育活动，人们能够直接形成良好感受，体验精神方面的愉悦感，并且营造和谐的生存氛围。通常来说，民族体育活动大多数以健康为主要目的，并且这些基本上都是在业余时间进行的，将体育融合于娱乐之中，有着比较强的表演性与娱乐性，如黎族的跳竹竿、苗族的划龙舟等活动，都具有着浓郁的欢快氛围，且包含一定的民族特色。

我国的人民历来比较讲究性情自然，所以民族体育更加崇尚中庸之道，重视保养身体，以及内部锻炼与平衡等。与此同时，民族体育文化的特点包括安于现状、缺乏竞争等，使民族的依附性较强，缺乏一定的竞争精神，这不利于民族体育的长远发展。

民族体育文化是中华民族传统文化中比较重要的一个组成部分，其不断吸收传统文化的特性，具备与特定文化环境相统一的文化属性，更能反映出传统文化的特点以及深远影响。

4. 等级制度森严

古代人通常认为整个自然界以及人类社会的产生都是遵循一定的自

然演进规律，只有遵守一定的等级制度，社会的稳定发展目标才能得以实现。

在民族体育文化发展的历程之中，礼仪是一种用来区别、规范上下的重要方式。例如，中国古代武术高手在交手的过程中，讲究点到为止，不战而胜，坚持礼让为先的重要原则。另外，由于在我国古代封建社会时期，女子在参加体育活动时的权利受到了多种因素的限制，这些皆充分表明了我们国家民族体育文化中渗透了封建思想观念。

二、民族体育与当代校园体育文化之间的关系

民族体育与当代校园体育文化之间的关系可谓十分紧密，在一定程度上来说，校园体育文化的建设方面主要依托民族体育这一重要的基础，而想要传承民族体育文化则需要以学生为载体，可以说，民族体育与校园体育文化之间有着相辅相成的作用，两者共同发展。

我国民族体育项目无论是在数量方面，还是在内容与形式方面，都堪称世界之最，其中所蕴含的民族文化底蕴十分深厚，并且有利于弘扬我国传统体育文化，同时对于人类健康可持续发展方面十分有益。我国高校林立，从而为民族传统文化的传播与弘扬提供了重要渠道，主要以各级学校为主要基地，对优秀传统文化进行传播。当代学校应将自己的传承载体优势充分发挥出来，并且积极履行传承、弘扬民族体育文化的责任，在加强对民族文化传播的同时，有效促进学校体育的良好发展，进一步推动校园体育文化建设的加快与完善。

民族体育对于校园体育文化所产生的影响，必然能形成天人合一、含蓄深邃的理念，随着经济的发展以及世界和平环境的到来，体育热潮必然会不断降温，而我国民族体育项目数量多、质量高等价值比较突出。学生是祖国的未来，他们身上承担着传承我国传统文化的重要责任，他们更是建设校园体育文化的主力军，但是学生传承传统文化应先发自内心地接受我国民族优秀文化。从学校的立场上来说，教师、学生

都是对我国非物质文化遗产进行传承的主要力量，所以需要师生之间加强对民族体育文化内容的挖掘、加工等，并在原有基础之上进行创新，全力继承我们国家的民族体育文化，并推动民族体育文化的世代相传。开展民族体育运动需要通过多种载体，学校作为其中比较重要的一个载体，应积极引入民族体育，使民族体育能够走进学生的体育生活之中，培养学生形成良好的体育价值观念，进一步有效促进校园体育文化的繁荣发展。

青少年拥有强壮的体魄，身心得以和谐发展是建设中国特色社会主义的必要前提，我国不仅需要积极推动现代化体育的发展，还应促进民族体育事业的发展，在当代学校实施民族体育是学校体育教育中比较重要的组成部分，同时也是有效建设社会主义精神文明的重要内容。对此，我国各级院校应积极响应有关号召，担负起传承民族体育的重要责任。学校在引进民族体育时，应注重有机结合现代化体育，充分凸显出民族体育的价值，进而有效促进民族文化及民族体育的快速发展。

三、民族体育对于校园体育文化建设的主要意义

（一）加强建设校园体育的物质文化

1. 校园精神文化以体育物质文化为基础

体育场馆、体育器材等有关的物质实体是校园体育物质文化，物质文化建设是校园体育文化建设的前提，同时，建设物质文化也是优秀校园体育文化建设的重要基础与保障，可以说，体育物质文化是体育文化的"硬件"。从本质上而言，体育物质文化就是人自身力量外化的重要结果，体育物质文化作为精神意识文化的载体，能够将人类的智慧、意志等诸多美好品质凝聚，并且通过一定的形式直接展现出来。

现代化教育提倡人文关怀的思想，自然生命教育认为良好的自然

环境是人类自然生命存在着重要依赖，假如没有我们赖以生存的自然环境，人类则无法继续有自然生命。民族体育与当代学校教育环境相互融合，能够使师生在满足自身需求的同时，尽可能关爱、尊重其他生命体，这更加有助于推动民族体育与我们国家优秀的民族传统文化得到可持续发展。由此可知，校园体育物质文化建设应适当融合精神文化建设，两者之间互相协调进行，以物质文化为基础，以精神文化为保障，促进校园体育文化的发展，并且增强校园文化凝聚力。

2. 校园体育物质文化是融合民族体育的中坚力量

虽然在开展民族体育教育活动的过程中不需要准备高规格的运动场地与运动器材，但是应具备基础的条件，这样不仅能更加有利于学校对民族体育教学活动的开展，而且十分有助于满足学生需求以及民族传统体育的创新。校园体育物质文化是融合民族体育顺利实施教学活动的中坚力量，能够促使民族体育文化得到更好的传承，所以学校应积极将体育物质文化建设工作充分重视起来，增强经费投入，并进一步有效落实物质文化建设方面的工作。

（二）强化校园体育精神文化的建设

1. 提高审美情趣

体育运动不单单是一种比较单一的运动形式，其中蕴含了美感文化现象，这在我们国家民族体育中有着比较突出的体现，民族体育运动有着丰富的精神美，其中所蕴含的优良传统文化是现代化人类共同追求的美好文化。例如，云南的霸王鞭，在完成这项体育运动的过程中，能够完美呈现出美的姿态，使人感到心旷神怡，同时有效提高学生情趣，培养学生心智，并进一步促进校园文化品格的提升。在当代学校教育中，体育美学这一学科已经出现，这一学科的创设主要就是为了揭示体育运动中美的本质与规律，并深入对体育审美进行研究。体育审美需求对于学生生活质量提高有着良好的推动作用，并引导学生回归到对体育中美的本质理解。

2. 培养道德观念

我们国家民族体育有着诸多的类型，主要来源于不同地区，主要的内容与形式比较多样化，促使学生在体育运动中满足自身需求，学生体育实际需求与民族体育相吻合，更加有利于学生积极参与民族体育运动，借助这一方式影响学生思想观念，强化对学生的道德品质教育，促进学生良好体育思想与观念的形成。例如，跳竹竿这一运动能有效锻炼学生的判断能力，使学生学会事先判断，提高学生身体协调能力以及瞬时反应能力等。再如，抢花炮这项运动不仅能够培养学生集体主义责任感、荣辱感等，还能够促使学生形成有组织、有纪律的观念，使其成长为整体道德观念水平较强的人。所以，应对民族体育的宣传力度适当加强，促使学生能够给予民族体育正确的认识，并且能够接受民族体育，以此有效推动校园体育精神文化在生活方面的多样化、丰富化。

通过当代学校开展民族体育运动项目能促进学生思想道德品质的有效提高，进而使学生形成健康、正确的体育观念、价值观念等。内外兼修、阴阳统一是民族体育所体现出的重要哲理，丰富的传统文化都能够从中得到反映，对于民族传统文化的奥妙之处，我们难以估量，只能够体验、感受其中的多元价值以及深远影响。学生们在参与民族体育运动项目的过程中，能够有意无意中学会通情达理，实现自身境界的升华。例如，在武术运动中，由于武术项目比较多，并且在不同地区之下所形成，出现了民族风格、民族特点迥异的现象，通过学生们积极参与武术学习活动，能够深刻认识到武术的民族性特点，并进一步产生文化共鸣，激发学生的民族自尊心、自豪感等，增强学生内心的爱国思想。由此我们可以看出,民族体育能够在潜移默化中影响学生的道德观念。

(三)优化校园体育制度文化的建设

1.加强对学生规则意识、合作精神的养成

由心而发将规则作为自身行为举止的准绳,这种意识就是所谓的规则意识。从整体角度上来看,规则意识主要包括了三个不同的层次:要具备规则相关的知识,要有严格遵守规则的习惯,要将遵守规则作为内在的需要。

如今,在法治社会背景之下,人们应具备基本的规则意识,一切活动如果缺乏规则的限制,那么将无法顺利进行,通常也无法与人进行正常的沟通与合作。在社会不断进步以及科技日益发达的背景下,改造世界不是单凭个人的力量就能够实现的,而是需要人与人之间遵循一定的规则合作,通过集体的力量对社会进行改造。民族体育活动实施的过程之中,学生能够通过集体协作的形式,对合作的重要性形成深入理解,并且对自身与他人之间的差异形成全新认知,并遵循活动的规则,这就是民族体育对于学生规则意识、合作精神的培养,民族体育的这一作用也能推动校园体育制度文化建设的进一步优化、完善。

2.促进体育制度文化的细化

目前,诸多的因素限制了民族体育的传承与延续,但是我们应该时刻注意,坚决对民族体育项目的传统文化加以保持,在制定体育运动比赛的规则时,应将传统文化作为根据,尽力保持好传统体育的特征以及风采等。通过对有关的实例进行分析,可以看出民族体育能够将体育制度文化进行细化,随着民族体育融入当代学校体育中,能够促进校园体育制度的细化。

第四节　民族体育对弘扬民族文化的价值体现

民族体育包含了诸多丰富的民族传统文化，发展民族传统体育更加有助于弘扬民族文化，学校作为开展民族体育运动的重要场所，是对民族文化进行传承、弘扬的载体，有着重要的意义与作用，表现在以下三个方面。

一、民族体育提高民族文化生产力

文化生产力、经济生产力、军事生产力等多种因素构成了社会生产力，而文化生产力是其中比较重要的一个因素，所谓的文化生产力主要是指对文化产品进行生产以及对文化服务提供能力。文化实力主要以文化生产力为重要基础，两者之间互相促进，想要推动我国文化实力的提高，首要工作就是有效促进文化生产力的提高，提高文化生产力又能够在较大程度上增强文化实力。现阶段，我国致力于提高文化实力，发展文化生产力，并摆脱固有思想观念的束缚，加强优秀中华文化的弘扬，做到取其精华，弃其糟粕，并在这种指导思想下大力推进文化体制改革，借助文化生产力的发展增强我国文化实力。

民族体育中包含着丰富的体育文化产品，并且能够为学生们提供丰富的文化服务，同时具备文化产品的生产能力以及文化服务提供能力，这样能够使学校更有条件发展文化生产力，增强文化生产力。

（一）民族体育有利于传承文化

一个国家想要全面提升文化实力，必须将民族传统文化作为必要条件，这是我们从历史发展方面所吸取到的宝贵经验。如果割断民族文化的血脉，缺少基础的传统文化，那么文化生产必然容易受到影响。如今是全球化时代，推动我国民族文化生产力发展，则需要以我国优秀的民族传统文化继承、弘扬为重要基础。文化分支复杂纷繁，民族文化同样如此，民族传统体育文化只是其中之一。2006 年 5 月，美国《新闻周刊》中对 21 世纪各国最具有文化影响力的国家文化与形象符号进行了评选，结果显示，汉语、长城、故宫等是我国最具有文化影响力的形象符号。日本最具有代表性的文化大多与其民族体育有关，比如相扑、空手道等。在世界各国来看，这些文化符号象征、代表了这两个民族与国家，可以看出，与民族体育有关的文化已经得到了其他民族的认同。现阶段，世界上每一个民族都在促进本民族文化生产力提升的过程之中，将传统体育文化作为了重要突破口。

相比现代体育教学活动，民族体育教学具备了传承我国优秀民族传统文化的品质，通过当代学校开展民族体育教学活动，能够有效强化学生的民族自豪感，增强学生的民族自尊心，如此才能进一步强化我国的文化实力。在当代学校开展民族体育教学活动的过程中，其所提供的文化服务在较大程度之上推动了文化的发展。目前，我国民族体育发展现状不容乐观，不仅是表现在民族体育资源的开发、应用方面，同时也表现在日益物质化的社会对其产生的冲击与影响，随着我国城镇化进程的不断加快，在诸多传统体育比较盛行的地区，大量青壮年在外务工，这也就造成了维系民族体育的人群逐渐流失。有些人参与民族体育活动仅仅是为了获得物质利益，一些民族体育比较发达的地区为了增加收入，盲目开展地方旅游，组织民族体育项目活动。从表面来看，这些行为有利于民族体育的发展、弘扬，但是实际上对于民族体育可持续发展是不利的，基于经济利益的驱动，开展民族体育活动容易受到污染，导致其本身的含义逐渐失去。学校作为文化的象牙塔，很少受到社会中不良价值观念的影响，在学校渗透民族体育能够使其获得纯粹的本质的发展，并且有助于平衡发展实质教育与形式教育、人文学科与科学学科等。

（二）大力发展文化生产力

文化发展需要不同文化之间的相互借鉴与学习，21世纪是信息开放的时期，文化生产力的发展需要与国际文化交融趋势相适应，各个国家与民族都有一定的优秀文化，也有许多国家制定了保守与封闭的文化政策，这些比较保守、落后的政策对于民族文化的传播、发展产生了诸多不利影响，而改革开放积极推动了文化弘扬与发展。如今，我们国家民族传统文化在发展过程之中以史为鉴，并实行了兼收并蓄，面向全世界开放发展政策。

我国传统文化兼收并蓄，同时也使得民族体育处于良好的生态环境中发展，主要体现在以下三个方面。

首先，学校作为文化交汇的主要场所，存在着比较活跃的交流活动，学生能够通过不同的文化交流活动充分认识民族体育的独特魅力，民族体育也能够以学校为载体，走进学生的世界，从而为弘扬民族文化提供物质基础保障。

其次，学校有着相对包容的文化环境，在这种文化环境之中，各种思想能够实现良性碰撞，使得各种文化百花齐放，这也就为民族体育的兼收并蓄提供了良好人文条件。

最后，当代学校汇集了多种多样的优秀文化，能够充分体现出民族体育的深刻内涵，也更容易被人们领悟、理解，学生在参与学习活动的过程中能自觉抵御腐朽文化侵蚀，并强化对民族体育文化中优秀内容的继承。

综上所述，学校民族体育的兼收并蓄能更好地推动我们国家民族文化的传播，也必然能够促进我们国家民族文化的不断强大。

二、民族体育增强民族文化凝聚力

体育文化作为文化中比较重要的一个组成部分，在我国的地位明显有所提高，国家开始重视加强体育文化的发展。在这种背景下，我们在生活中随处可见各种体育文化活动，这些活动的开展也是组织人民群众共享社会主义精神文化的过程，能够在客观上推动我们国家民族传统文化凝聚力的增强。基于国家重视体育文化，人们积极主动参与体育活动的背景之下，学校民族体育也逐渐体现出了其对于传统文化凝聚力的重要影响。学校民族体育之所以能够在客观意义上增强民族传统文化凝聚力，主要是由于其具备两方面的优势与特点，具体如下。

（一）学校民族体育环境有利于增强民族文化凝聚力

学校环境场所随着现代化社会建设的深入而逐渐开放，在当代学校中，不同国家、民族的学生聚集在此，他们有着不同的文化背景，在学校中接受了共同的文化教育，并且这些学生在接受教育的同时，其文化观念以及人生观念等会逐渐被同化，从而产生了几近统一的文化观念与世界观念。学生在参与学校民族体育运动的过程中，能够接受一定的爱国主题教育，久而久之，学生们就能够建立起民族凝聚力的文化观念，在学生将来步入社会之后，他们的这一观念将会对周围的人产生一定影响，进而在多个方面增强民族凝聚力。

（二）学校民族体育内容有利于增强民族文化凝聚力

民族传统文化教育是当代学校进行民族体育教学的实质，我国民族体育项目主要源于传统的农耕文化，其自发性与娱乐性较为明显，诸多的民族体育项目都需要集体参与，并且重视集体观与团结观，同时强调了群体价值。例如，跳竹竿这项民族体育项目比较受学生们的欢迎，跳的同学需要与碰竹竿的同学保持协调一致，周围其他同学应统一节奏喊出口号，这样才能够有效促进民族体育项目的顺利开展。这些集体性的民族体育活动在诸多当代学校普遍流行，这有助于强化学生团队精神，并进一步增强民族文化凝聚力。

三、民族体育扩大民族文化传播力

如今，我国在政治、文化、军事等方面都在日益发展壮大，在这种背景之下就需要扩大文化传播力适应日益强大的民族。因为想要使世界对于我们国家优秀的传统文化形成良好认知与感受，并共享我国的优秀文化，就需要提升我国整体的文化实力。对我国丰富多彩的传统文化进行传播有许多种方式，学校是其中一种传播方式，通过学校开展民族体育教学活动，能够以学校为主要平台，将我们国家优秀的民族体育文化传播。在学校民族体育教学活动的实施过程之中，能够将我国民族传统文化的传播力扩大，主要体现在以下两个方面。

（一）学校民族体育传播文化的媒介作用

所谓的文化传播媒介主要是指使文化传播关系得以结成的工具与方式，促进思想文化方面实现全球化的主要工具就是国际大众传媒，基于文化全球化的背景，全球传播环境下的服务意识有着关键作用。当代学校民族体育中重点强调了"娱人"的思想观念，从某种程度上来说，我们可以将"娱人"观念作为文化传播中的"服务"意识。我国为了大力发展学校民族体育，高度关注最为活跃的文化传播者，即学生，这是史无前例的，将学生作为主要文化传播者的作用体现在以下两个方面。

（1）来自世界各地的学生主要是"世界各国未来的决策者"，根据在当代学校中切身参与民族体育学习，使其感受民族传统文化的精髓，并且对于真实的民族传统文化进行深入感悟、理解，从而更好地使学生传播优秀的民族文化。

（2）我国有的学生在一定的时间之内也会出国留学，走向世界，这些学生就是我国先进文化生产力的主要代表，他们在学校所接受到的民族体育文化教育能够更好地使其成为我国民族传统文化传播的"友好使者"。

（二）学校民族体育传播文化的多元方式

孟菲斯大学的艾米莉亚曾经说过："我非常喜欢舞狮这个节目，它能使我感觉到人与动物之间的关爱，人与自然之间的融洽，并且说明了中国人民也是十分懂得爱的。"虽然这句话比较简短，但是直接表明了在学校传播民族体育文化方面，其采用的形式不是最主要的，重点是传达传统文化中所蕴含的民族精神。我国民族体育资源比较丰富、多样，以学校为媒介对这一文化进行传承、交流，能够迈向普遍化的趋势，发挥出自身在促进人类共同发展方面的重要价值。

第四章　民族体育融入学校体育教学组织、内容及实施

　　并非所有的民族体育项目都能够被纳入学校体育课程教学之中，被纳入学校的民族体育项目既能与学校普通体育教育有着相似之处，又有着比较鲜明的自身特色，对于丰富当代学校体育教学的内容，弘扬民族文化等有着重要的意义。对此，强化学校民族体育教学水平的发展，是民族传统体育传播的主要渠道之一，教师应准确把握民族体育教育的基本规律，增强民族体育教学整体的组织与管理水平，进而设计出与民族体育相适应的，且有助于学生身心发展的民族体育教学方式。

第一节　民族体育融入学校体育教学的组织、内容及形式

　　想要全面提高民族体育教学的整体质量与水平，教师应着重提高自身的教学管理水平以及教学组织能力，这是民族体育融入学校教育的基础。本节重点针对民族体育教学的组织管理进行基础分析，希望帮助教师提高自身的体育教学组织管理能力。

一、民族体育教学设施管理

（一）民族体育教学场地管理

对民族体育教学活动的场地进行管理，是学校教学设施管理工作中比较基础的部分，学校民族体育教学工作能否顺利进行与体育场地有着直接的关联。基于此，应重视加强民族体育教学场地的管理，并注重以下四点要求。

1. 功能齐全

为了确保民族体育活动能够在当代学校体育教学中顺利实施，民族体育教学场地的功能应达到实际需求，并且搭配合理。

2. 分门别类

民族体育教学场地中的体育器材归纳应做到分门别类，秩序井然，根据使用的频率，对体育器材进行科学分类。为了方便教学活动的顺利开展，在一般情况下，经常使用的大型体育器材应按照固定的位置摆放，小型体育器材应定点存放。

3. 环境整洁

良好的体育活动环境能够有效提升师生互动的欲望，进一步增强教学质量与效果。所以，在民族体育教学活动实施的过程中应做到保持场地的卫生整洁、环境优雅，并定期对体育器材、场地等进行消毒与保洁工作，从而使师生的健康得到保障。

4. 健全制度

民族体育教学场地的管理是长期、细致的工作，需要依托一定的规章制度，实施责任制。在对民族体育教学场地进行管理的过程中，应坚持制度化、常规化的方针，落实岗位责任制是十分有必要的。

（二）民族体育教学器材管理

在民族体育教学活动开展的过程中，器材的保养、维护是需要分门别类进行的，可以说，民族体育教学器材的管理工作比较烦琐、复杂。这就需要将体育器材管理工作做到程序化、制度化，具体而言，应从以下三个方面着手。

1. 分门别类放置体育器材

在放置体育器材的时候，应结合有关的标准分门别类进行管理，通常情况下，可以按照器材使用的频率及材质等分别进行放置，如武术器材等应上架，并摆放整齐。

2. 保持体育器材室的卫生

体育器材室内应时刻保持干净、整洁的状态，在进行卫生清扫工作的时候，应做到将每一个角落仔细清理，经常保持优美舒适的环境，这样才有利于师生的身心健康。

3. 按照规定办理外借器材

在管理体育器材的过程中，应满足三点要求：①遵循教学规律，按时、按量为体育教师提供器材，不能随意将器材外借；②教师应结合教学的需求认真填写器材申请单，学生凭借教师的申请单领取器材；③在课外活动中，应由部门提出使用体育器材的申请，经有关负责人员批准之后才能外借，并且应要求在使用完之后及时归还。

二、制定民族体育教学大纲

（一）教学目标及要求

1.教学目标

通过参与民族体育课学习，能加强对学生民族传统体育理解与认知能力的培养，使学生能够深入了解我国各个民族地区的文化内涵及风俗习惯等，并灵活将各民族的文化内涵融入民族体育活动之中，帮助学生掌握民族体育基本知识与技能，并且增强学生的实践能力。

2.教学要求

（1）学生应充分了解、掌握民族体育基本知识内容。

（2）教师应善于将多元化的教学方式应用于教学活动中，充分激发学生积极主动学习的兴趣。

（3）在民族体育教学中应做到躬行实践，将理论与实践相结合，从而使学生对基础知识与基础技能的掌握程度加深。

（4）学生应将体育教学基本理念深入贯彻，按照所制订的学习计划进行实践学习。

（二）合理分配教学内容及学时

1.教学内容

民族体育课程的教学内容主要划分成理论、实践两大部分，理论方面主要包括民族体育的发展及起源、功能及特征等基本内容，民族体育教学中的基本理论，民族体育整体的发展走向等；实践方面主要包括各区域民族传统体育项目开展的方式等。

2. 学时分配

民族体育课程学时分配可以根据表 4-1 进行。

表 4-1　民族体育课程学时分配

分类	教学内容	课程形式	学时
理论部分	民族体育基本知识	讲授	15 分钟
实践部分	各区域民族体育活动项目的方式等	实践	25～28 分钟
考核	组织学生参与实战	随堂考试	7～10 分钟
合计			50 分钟

（三）民族体育教学考核及评价

民族体育教学考核方式为随堂考试，根据实际教学目标与要求，对学生们进行考核，本课考核在学期末进行，主要依托学期基本教学内容开展考核活动。

考核、评价标准（表 4-2）。

表 4-2　民族体育教学课程考核与评价标准

分数	等级	评价标准
60 分以下	不及格	无法完成该项活动的基本要求。规格要求：技术动作出现错误，动作不够自然流畅，完成效果比较差
60～70 分	及格	能够基本完成该项活动的主要动作。规格要求：动作不够自然流畅，并且完成实效性比较差
71～80 分	中等	能够完成该项活动技术的主要环节。规格要求：部分技术存在着一定的缺陷。动作不够自然流畅，并且完成实效性一般
81～90 分	良好	能够正确完成该项技术。规格要求：动作比较连贯、自然，并且实效性较好
91～100 分	优秀	能够正确、熟练地完成该项技术。规格要求：动作比较连贯、自然、规范，并且实效性较好

三、民族体育教学方式的选择

（一）传统教学方式

1. 语言教学方式

在民族体育教学活动的方式实施中，语言教学法是比较常用的一种方式，其中主要包括讲解法、口令法及指令法。

（1）讲解法。在民族体育教学中，讲解法是最为普遍的一种语言教学方式，通过教师将教学的目的、内容以及动作名称、要领等告知学生，并进行一定的说明与解释，这就是讲解法。

通常在描述民族体育理论教学、思想教育等方法时，讲解法发挥出了十分重要的作用。教师结合自身的语言讲解能够推动学生思维的启发，指导学生对教材内容进行深入理解，帮助学生正确掌握民族体育运动的有关技能。教师在日常工作中采用讲解法进行教学时，应重点体现运用讲解法的艺术性与科学性，从而保证实现预期的教学目标与教学要求，这也是有效体现教师整体教学水平的重要标志。在民族体育教学活动实施的过程之中，常用的讲解法包括粗略讲述法、精细讲述法以及重点讲述法等。

（2）口令法。口令是一种语言表达形式，具有一定的形式与顺序特点，口令的内容是明确的，教师应用口令法主要是借助命令的形式对学生进行指导。一般情况下，教师在民族体育教学实践课程中需要用到口令法，如借助相应的口令指导学生做好准备活动以及体育动作练习等。教师发出的口令应具有洪亮、清晰、准确等特点，教师需要结合学生人数、队形等及时调整声音的大小及节奏的快慢等。

（3）指令法。指令法主要是教师通过简明的语言组织指导学生进行活动，这种方式一是在组织教学中运用，如布置场地、收拾器材等；二是在学生参与体育练习活动时，未能意识到的、关键的动作给予其简洁的语言提示，口头指令应准确、及时、简洁，并使用正面词汇。

2. 直观教学方式

直观教学方式主要是指教师在体育教学过程中通过实际演示技术动作，或者借助外力作用，促使学生对动作产生直接感知的一种教学方式。学生们主要依靠听觉、视觉等感官功能对动作产生感知，动作示范法是民族体育教学中比较常见的一种直观教学方式。

动作示范法主要是教师或者能规范完成动作的学生，以自身的动作作为范例进行教学，从而帮助其他学生练习技术动作的一种比较直观的教学方式。由于我们国家民族体育内容十分丰富、多样，许多的运动项目中涉及的技术动作比较复杂，因此，在民族体育教学活动中，教师常常借助动作示范引导学生学习复杂的技术动作。

借助比较直观的、高效的动作示范，不但能够有效帮助学生们建立起初步的动作表象，同时还能够有效激发学生主动、积极参与学习练习活动的兴趣，进而为学生们科学掌握、学习民族体育动作提供一定的帮助。动作示范作为一种比较重要的教学方式，教师在使用这种教学方式的过程中应注意明确动作示范的目的，把握合理的示范位置与时间，着重突出动作重、难点，优美展示所示范的动作。在必要时，教师应将正确与错误的动作进行对比示范，从而有效增强学生对于正确运动技术的理解程度。

3. 分解、完整教学方式

（1）分解教学法。在民族体育教学中，分解法是一种比较常用的方式，通过对一个完整的技术动作进行合理分解，再具体分别讲解各个动作，能够最终实现学生对于整个完整动作的灵活掌握。分解教学法有着化难为易、化繁为简的特点与功能，能够将复杂难学的体育动作变得简单容易，将整体教学过程简化，有助于增强学生对于复杂体育技术动作掌握的效果,增强学生民族体育学习的自信心。但是分解教学法容易将完整的动作结构破坏,导致学生难以形成正确的动作技术。对此,教师往往在面对比较复杂的体育动作时,才会采取分解教学法,帮助学生解决学习难度大的问题,并且教师通过运用分解教学法能大大提升学生学习进度。

(2)完整教学法。完整教学法主要是指教师在民族体育教学中将有关的技术动作从头至尾进行连贯性教学的一种方式,这种教学方式能够确保技术动作的完整性与连贯性,并且能够避免对动作各个结构之间的内在联系造成损害,以便于学生能够完整学习正确的体育动作技术。但是完整教学法一般是在动作技术比较简单的情况下使用的。

4. 游戏教学方式

我国许多民族体育运动项目主要来自民间,并且都具有比较强的娱乐性,可以说,许多民族体育项目本身就蕴含着游戏元素,更是一种游戏活动。游戏教学法有着一定的竞争性,同时又具有一定的娱乐性,并且能够促使参与者积极进行练习。通过参与群体性的游戏练习活动,能够培养人与人、团队之间的互助关系。所以,游戏教学方式在民族体育教学活动开展的过程中经常被应用,教师在应用游戏教学方式的同时应注意以下三点。

(1)由于游戏中蕴含着一定的情节,学生在扮演角色的过程中易于表现出比较强烈的个人行为,教师应结合适当的条件,在游戏活动之中巧妙加强对学生的思想品质教育。

(2)游戏带有一定的竞赛因素,所以在实施游戏活动的同时,教师应关注学生情绪,避免一些过激的行为以及伤害事故的出现。

(3)在采取游戏教学法时,不能明确限定运动负荷的大小,所以,教师应科学制定游戏活动内容、时间与规则等,合理控制、调节运动负荷。

（二）现代教学方式

1.多媒体演示教学方法

多媒体演示是一种应用现代化技术方式帮助学生强化对知识的感知能力以及积极性的新型教学方式，随着现代科学技术的高速发展，诸多先进的技术都已经被应用到了学校教育中，越来越多的多媒体、网络等方式对于学校体育教学起到了良好的辅助作用。当前，我国学校多媒体教学已经逐渐得到了普及，在民族体育教学中通过教师对多媒体技术的应用，能够改变学生被动接收信息的传统学习模式，尤其是以校园为平台，构建多媒体课件的形式，对充分调动学生积极性与主动性有着重要的作用。由此我们可以看出，通过多媒体教学的使用，能够更好地解决以往教授学生复杂动作技术的难点，帮助学生更加生动、深入地理解动作结构，并掌握动作技术特点，对于提高教学质量起到了推动作用。

2.自主性学习教学方式

随着国家教育改革的深入推行，诸多新型教育思想开始被融入我国学校教育中。在我国当代学校教育中，对学生自主学习的培养给予了高度重视，自主性学习教学方式主要就是以此为基础产生的。在我国当代学校民族体育教学活动中，自主性学习教学方式主要是为了落实民族体育教学活动的最终目标，学生在教师的指导之下，根据自身条件以及实际需求制订学习的计划、目标等，进而完成学习目标的一种模式。教师借助自主性学习教学方式能够体现出学生的主体地位，对于学生积极、热情的学习有着很好的激发意义，并且对于提高学生自主学习能力有着良好效果，可以培养学生终身学习体育的健康思想。与此同时，这种方式对于有效提高教师教学效果也有着比较大的帮助，教师在应用自主性学习教学方式的时候应注意四个步骤。

（1）自主制定目标：学生依据实际学习的目标，恰如其分地分析自身能力，充分挖掘、发挥自身潜能，并且自己确定实际学习的目标。

（2）自主选择学习方式：学生通过自身已有的经验及所学习到的知识，科学、巧妙选择实际目标的学习活动与方式。

（3）自主展开评价：学生充分依据学习目标，观察、分析、反思自己的学习状况，看到自己的进步与发展，并且学会自主找出问题与不足。

（4）自我调整控制：学生按照学习的目标，对学习情况进行全面分析，及时调整学习目标与方式，及时"纠偏"，从而促进体育学习目标的达成。

3. 发现式教学方式

发现式教学方式也被称为问题教学法，这种教学方式也重视学生主体地位，其主要以学生的好奇心、求知欲等心理特点为出发点，并且将发展学生创造性思维作为目标，促使学生在发现中进行学习的一种新的教学方式。在民族体育教学的过程中，教师采取发现式教学方式有几个值得注意的点，分别为以下四点。

（1）创设问题情境或者提出问题，促使学生在情境中产生矛盾、疑难，并且按照教师所提出的要求，带着相关问题展开探索。

（2）学生通过反复进行练习活动，深入掌握体育运动技术的基本原理与方式。

（3）组织学生提出假设，并通过实践活动进行验证，引导学生参与争辩与讨论，总结动作技术的原理方法与争论的问题。

4. 探究式教学方式

探究式教学方式主要是在学校民族体育教学中，教师引导学生在学习过程中选择研究主题，创设有关的情境，通过学生自主、独立发现问题、操作等获得体育技能与知识，发展学生的情感与态度等，特别是创新能力以及探索精神等方面的发展。在应用探究式教学方式的过程中，教师应注意四个实施步骤。

（1）问题提出：教师应结合学生对于体育知识的学习与掌握情况，根据具体的教学内容提出具有多种可能性的问题。

（2）分组讨论：教师在提出有关问题之后，将学生们分成若干小组，鼓励他们提出假设与方案。

（3）验证方案：在教师的指导与要求下，各个小组将假设与方案应用在体育学习实践活动之中，进而对假设与方案进行验证。

（4）评价提高：在小组完成探究任务的基础之上，进一步评价解决问题的过程与效果，从而提高学生创造性思维水平。

（三）选择教学方法应注意的事项

1. 注意影响体育教学效果的因素

教师在采取有关的教学方式时，需要教师与学生之间进行互动、协调，这样才能产生良好教学成效。在民族体育教学活动实施的过程之中，教师自身的知识储备、人格魅力等都会对最终的教学效果造成重要影响。因此，强化教师综合素养对于教学方式的应用效果有着直接影响，需要加以重视。

但是，体育教学活动主要是教师与学生之间的互动，学生因素对于教学方式应用的最终效果也具有重要影响。可见，发挥学生能动性的效果对于教学方式的应用质量有着关键意义，在实际教学过程中，教师应尽可能提高学生学习的积极性，为教学增添趣味性。

2. 注意应用体育教学方式的理论

体育教学方式有关的理论主要源于实践，但又高于实践，更是对体育教学实践的总结。因此，在应用体育教学方式的时候，不仅需要重视实践问题，还应重视理论探索。如果体育教学中的有关理论存在着片面性的问题，那么教学方式也会出现一定的片面性。在民族体育教学中，教师应结合以下五个理论。

（1）辩证唯物主义观点，尤其是唯物辩证法的基本观点。

（2）系统论原理，深入理解体育教育系统。

（3）教育学、心理学等一系列与体育教育有关的理论知识。

（4）普通教学论与体育教学论。

（5）借鉴、吸收当代各学科先进的理论成果，并创造性地应用有关理论与方式。

总而言之，在民族体育教学活动中教师应采用新的教育观念、新的教育理论指导工作开展，不断对教学方式进行创新。

3. 注意体育教学方式的有效配合

教师在民族体育教学中应组合应用多元化方式，而各种教学方式之间的配合应注意三个问题。

（1）教、学协调配合。体育教学是一项师生之间共同参与的活动，体育教学方式的关键在于教师的教与学生的学之间协调配合。在进行体育教学活动时，如果教师片面强调教法，轻视学生的学，则容易对学生积极参与学习产生不利影响，并且使教学效果大打折扣。如果教师只注重学生的学习方式，则可能容易使学生感到吃力，甚至容易导致学生走向歧途。总的来说，在民族体育教学方面，如果出现教与学相脱节，师生之间的活动出现不够协调的现象，那么整体的教学活动则容易出现诸多的问题。鉴于此，教师在体育课程活动中应用相应的教学方式时，应着重加强师生之间的有效配合。

（2）外、内协调配合。教师所采用的体育教学方式应充分考虑到学生的外部活动表现，还应注重学生内部活动以及思想方面的变化。通过教师对学生的具体状况进行观察与分析，能够进一步收集反馈信息，并且适当调整体育教学的方式。学生在参与运动的过程中，其动作的质量、情绪的变化等都能够在一定程度上反映出其学习的态度，这些因素是影响教学效果的关键所在。

值得注意的是，许多情况下学生的外部表现与内在活动并非一致，有的学生看起来在认真听取老师的讲解，但其实他们往往没有集中注意力，有的学生在出现身体不适的情况下，可能由于某种原因的存在未能有明显的外部表现。所以，教师在应用教学方式的时候，应着重加强指导学生外部活动方法与激发学生内部活动方法的结合，在有关实践活动之中不断进行调整与优化。

（3）前、后协调配合。在民族体育教学方式的应用方面，还应重视前后相互配合，而所谓的前后配合指的是在教学过程中应不断加强学习阶段相应的知识与技能，引导学生将体育学习串联成为一个循序渐进的过程，并且在此过程中，促进学生逐步深化认识，积少成多，帮助学生由模仿型转向创造型。

四、教师在民族体育教学中的管理、评价

（一）管理教师

1. 建立教师管理机制

（1）建立约束管理机制。约束管理机制的建立主要是为了以统一化的规章制度，对教师的教学行为进行规范管理，使教师高效完成教学任务。约束主要是规范教师的思想行为，而服从学校的约束是展现教师自身素养与水平的重要部分。

第一，时间约束。教师必备的基本素质就是遵守时间约束，按时上、下课，在当代学校民族体育教学实践活动之中，教师在要求学生遵

守纪律的同时，应先发挥榜样作用，做到遵守课堂教学时间，珍惜课堂的每一分钟，引导学生在有限的学习时间之内掌握更多的知识，得到更多的体育锻炼。

第二，言行约束。为人师表应遵守一定的职业道德，善待每一位学生，教师在课堂教学中的言行举止直接反映出了其自身的专业水平以及文化修养等。体育实践主要通过在学生执行动作完成整体的教学过程中，教师需要采用多种组织方式以及教学方式充分调动学生主动性，所以教师应具备指挥调动学生完成各种体育动作练习的能力。教师应在体育课程上用自己高超的技艺以及丰富的语言教育学生，时刻关注、爱护学生，约束自身的言行举止。

第三，着装约束。与其他文化课程相比较，民族体育实践课程对于教师与学生的着装有着诸多要求，教师在体育教学的过程中，应积极起到模范带头作用，穿运动服上课，有助于教师在为学生们讲解示范动作时展现出姿态美，更能顺利完成教学任务，减少运动损伤。

第四，教案约束。因为环境比较特殊，在民族体育课程实践教学中，教师不能做到捧着教案与教材上课，教师需要熟悉体育教学的内容，并对民族体育活动的开展工作做好教案预设。

（2）建立激励管理机制。激励是为了增强教师创新水平，充分调动教师能动性与积极性，鼓励教师创造性地参与日常工作，从而提高教学质量。

第一，激励教师编写教案。教案是教师开展教学工作必不可少的资料，写好教案是每一位教师基本的能力与素养，为了激励教师编写教案，可以提供教案格式及教案范例，采取评选优秀的方式，以教案评选为教师教学质量检测的重要依据。

第二，激励教师提高教学水平。提高教学水平是教师一切准备工作的最主要目的，采用集体评课、集体听课等多种形式对教师进行激励，使教师能够积极钻研组织教法，推动教师教学水平的提高。

2. 教师的编制与组织管理

（1）制定教师编制。教师编制的制订是否科学在很大程度上决定了民族体育教学活动能否顺利实施，这也是学校体育教师管理方面的一项基础工作内容。

在教师的管理工作中，可以结合三个方面科学制定教师编制：①结合国家颁布的《学校体育工作条例》制定教师编制；②结合教师所承担的体育课程教学、课外群体活动等教学工作总和进行编制制定；③结合本校的教育工作量以及"师生比"制定教师编制。

（2）制定教师组织管理规定。完善教师管理规定的制定，加强各职能部门的职责分工是体育教师管理工作中比较重要的内容之一。

学校应在教师组织管理过程中，结合学校现行的专业技术人员职称评审方式等，制定具有约束、鼓励并存的管理规定。

3. 教师培养、培训与考评

培养、培训与考评是体育教师在民族体育教学中的重要质量保障基础，对于强化学生民族体育知识、民族体育技能水平，以及提高当代学校体育教学的质量与效果等方面都有着重要作用。

（二）教师评价

1. 教师教学思想评价

教师教学思想评价主要包括在民族体育教学中是否能够坚持教书育人的基本原则，是否能够坚持终身体育以及健康第一的重要指导思想，是否具备改革创新的精神，是否有助于推动学生全面发展等。

2. 贯彻课程标准评价

课程标准的评价贯彻，主要包括民族体育课程教学是否能够仅仅结合实际学习的目标进行，教学活动是否符合课程标准的实际要求，以及教学是否能够完成课程标准规定的教学任务与教学内容等。

3. 实际教学内容评价

实际教学内容的评价主要包括民族体育教学内容安排能否紧紧贴合实际教学目标，教学内容中是否融合了思想品德教育，教学内容能否实现科学性与思想性相统一等。

4. 开展教学技能评价

教学技能评价方面主要包括教师自身的讲解是否准确、规范，以及教师能否应用专业术语传授知识，并优美的示范动作；是否能够沉着冷静处理教学活动之中出现的突发事件，从而推动民族体育教学活动的顺利实施。

5. 教学方式方法评价

对教学方式与方法进行评价，主要是指教师是否能够结合民族体育教学中的具体任务及内容特点，针对性的选择、制定教学方式。教师所选择的体育教学方式是否符合学生身心发展特点，能否有助于将学生积极参与学习活动的动机激发，教学方式是否具有一定的启发性等。

6. 教学实效性的评价

教学实效性的评价主要涉及了教师能否高效完成民族体育教学任务，并且能否在实际教学活动中激发学生的主动性与积极性，学生能否达到预期的学习目标，是否能够促进学生良好体育学习、锻炼习惯的养成，以及培养学生良好品质的效果等。

五、民族体育教学的主要内容与形式

（一）民族体育教学的主要形式

1. 个别教学

在民族体育教学活动中，教师应对学生单独进行辅导教学，这就是所谓的个别教学组织形式。教师能够以这种方式做到因材施教，也能够给予学生个别问题的纠正，同时，对培养典型学生骨干是比较有利的，但是这种教学方式也存在着诸多不足，无法全面照顾到学生。

值得强调的是，教师在采用个别教学组织形式的过程中应注意四点。①教师应安排好教学的整体活动、形式内容，之后才能对学生实施个别辅导；②教师在对学生进行个别辅导的时候，应注重"抓两头带中间"；③教师应做到认真辅导每一位学生，并兼顾全班学生的活动；④面对个别辅导过程中存在的共性问题，教师应积极采取灵活多样的措施及时提醒学生。

2. 分组教学

分组教学形式在当代学校民族体育教学中是比较常见的，具体而言，分组形式主要是将整个教学群体分解开来，通过小组的形式引导学生进行知识技能的巩固、复习等，提高学生综合素养的一种方式。这种教学形式能够充分发挥出班级骨干的作用，增强学生之间的团结协作，将学生主动性与积极性激发出来，有利于对学生的个别问题进行及时纠正。与此同时，分组教学形式也存在着一些不足，具体为时间较长，对课堂纪律的管理造成了一定难度。

值得关注的是，教师在民族体育教学中应用分组教学形式的时候，还应注意五个方面事项。

（1）注意合理控制分组人数。

（2）明确、合理布置各组完成的任务。

（3）提前说明练习的地点、组织形式、练习方式等。

（4）教师应把握时机对各小组进行指导，在教学中注意观察各小组的动态与情况，尤其应关注典型学生。

（5）注意合理利用班级骨干，将其班级管理、指导、督促等作用充分发挥出来。

3. 集体教学

集体教学是当代学校民族体育教学中最为基本的一种形式，主要是将所有学生集中起来，并对其展开教学活动的一种形式。这种教学组织形式有助于指挥学生管理、遵守纪律，但是也有一定的不足之处，不利于对学生进行区别对待教学、难以体现学生专项技术风格等。

教师在民族体育教学中应用集体教学形式时，应注重以下五个方面内容。

（1）注重强化纪律教育。

（2）讲解、示范、指挥的位置应恰当。

（3）应注意采用合适的口令，通常不作个别纠正。

（4）在进行新内容讲解时，不宜随意改变原练习队形的方向。

（5）集体教学活动中应适当调节运动量。

（二）民族体育教学的安排

1. 备课安排

教师开展教学工作的必要条件就是备课安排，这也是学校教学中的基础环节。在民族体育教学活动中，教师做好备课安排工作是上好课的前提条件。顾名思义，"备"即为准备的意思，主要是说教师在上课之前应结合上课的主要内容、方式，以及教学活动中出现的特殊情况做出全面准备与预测。在民族体育教学活动中，备课形式是多种多样的，教师在备课环节中应遵循一些基本要素，具体如下。

（1）大纲与教材。教师开展教学工作的基本要素就是大纲与教材，所以教师在民族体育教学工作的备课中，应对本专业在大纲中的内容与要求认真进行学习、了解。可以说，大纲是一项具有指导性质的文件，为民族体育教学的内容、结构体系等提供了重要依据。对此，教师应充分理解、认识本专业教学大纲，否则容易导致备课工作处于比较盲目的状态，并且缺少实施的依据。教材是教师备课安排的主要参考，同样需要教师认真加以钻研。教材主要是结合大纲要求进行编写的，同时也是大纲具体化的表现，全面对教材内容形成理解与钻研是备课工作的基本要求，也是写教材的关键依据。

教师在体育教学中钻研教材的时候，应注意以下四点：①充分掌握体育教材中与民族体育相关的基本内容、基本概念、重难点部分等；②对教材相关的内容形成一定了解，并深入掌握教材的特殊性等，思考其对于整体内容的作用、意义；③教师应善于归纳、整理优化教学方式的策略，加强研究；④教师需要重视对有关参考资料的研究、学习，不断拓宽自身的知识面，强化自身理论素养。

（2）场地与器材。场地与器材是体育教学活动高效完成的主要保障，所以教师在备课安排的工作中应注意这一重要的因素。具体而言，主要包括场地规格、器材的种类等方面了解，这方面的要求主要需要教师正确对待客观不利的条件，不因场地与器材的不足而影响教学活动开展，而是想办法去创造条件。与此同时，教师应学会互相分享教学资源，协调好场地与器材。这样才能在开展教学活动之前，确保整体教学活动有条不紊地进行，避免诸多不必要的事故发生。

（3）学生。学生是教师教学的主要对象，更是学习的主体部分，全

面对学生形成了解，从而推动教师教学质量的提高，贯彻因材施教的基本原则。

值得强调的是，教师在了解学生的时候，应重视三个方面问题：①教师应全面、重点结合，以及集体、个人结合的方式全面了解学生；②教师应及时整理、归纳学生的各项信息，并结合实际情况研究适合学生的教学方式；③教师对学生的了解应有目的、有计划地进行，不能单纯采用突击式、点缀式的了解方式，而是需要以真诚的情感与心理对学生形成了解，克服自身急躁的行为。

（4）教法选择。选择教法是教师在备课安排工作中比较重要的一项内容，教师在选择教法的时候也应结合多个角度进行考虑，紧密结合教材、设施以及大纲等，进一步科学选择出符合实际情况的教学方式。教师在选择教法的时候应将教材内容、教学任务、项目特点作为依据，从而制订出教学计划等。

2. 教案撰写

教案又被称为课时计划，是教学活动开展中比较规范性的文字材料，同时也是备课安排工作的继续。在民族体育教学安排方面，教案的撰写是教师上好课的根本依据，教师的教案能够直接反映出其教学的态度及专业素质等。

教师在编写教案的过程中，应做到五方面要求。

（1）教师开展教学活动时的任务应具体、全面，并注重与实际内容相符、适宜，需要通过学生的不断努力才能够实现。

（2）教案内容的安排方面应做到合理、科学，准确描述动作要领。

（3）教案布局应合理，条理应清晰、清楚。

（4）教案应做到主次分明，前后内容之间存在一定的关联性，练习时间与数量等应满足学生实际需求。

（5）教案撰写应充分考虑教材难易程度及教育对象水平等不同情

况，确保教学活动达到理想效果。

3.试教与上课

试教主要是对教案内容加深认识，熟悉其中的关键，并纠正不切实际之处。通常，主要有以下三种形式。

（1）模拟式试教：教师本人走过场，或者正式进入操作之中参与一遍训练。

（2）自由选择式试教：结合重难点进行试教。

（3）说课：通过语言形式将教学实施过程、教学形式以及教学要求等简要表述。

上课主要是教师开展教学工作的主体活动形式，在上课过程中应注意以下六个方面内容。

（1）做好心理、物质等方面的准备，随堂自带教案，以备随时进行查看；提前到场，精神饱满，关爱学生。

（2）认真执行教案内容。

（3）体现教师主导作用，充分调动学生学习的自觉性与积极性，贯彻思想教育为先的原则，严格遵守纪律要求，严谨有序组织教学活动，合理安排运动量。

（4）清楚讲解，准确示范，语言表达生动形象。

（5）态度热情，仪表端庄，对学生的指导应做到耐心细致，师生之间产生共鸣。

（6）教学效果测评达到标准。

4.课堂总结

课堂总结是民族体育教学活动中比较关键的一个组成部分，主要是以简要的文字分析、记录本课的教学实施情况、成功原因等，并针对教学中存在的问题与不足之处提出调整、改进措施。

课堂总结具体内容涉及了两个方面，一方面，是检查教案内容，比如教案中的教材搭配以及内容安排等多方面是否合理、科学。另一方面，检查教案执行的实际情况，如教材思想性的实施效果，讲解是否到位、精练，示范是否具有启发性与吸引力等。

（三）民族体育教材的选择

1. 民族体育教材的主要来源

（1）采纳上级课程文本建议。国家教育行政部门能够为学校体育教学提供必要的文本建议，《教学大纲》属于常见的文本建议之一，如果将文本更加细化，还可以是由上级部门制定教学的内容，即制定教材。国家有关部门给予了课程文本建议，充分体现出了国家的意志，是一个国家基础教育体育课程框架中的主体部分，有着一定的政策性与方向性，主要是为了未来公民接受基础教育之后，应达到共同体育素质而开发的体育课程与教学内容。上级课程文本开发主要结合不同教育阶段的性质以及培养目标制定教学大纲、课程标准，以及编写教学的内容。

所以，各级学校应在选择民族体育教学内容的过程中，积极采纳上级课程文本的必要建议，还应将其与本校实际情况相结合而运用，并非一味照搬使用。

（2）参考上级课程文本规定。为了全面对实际问题进行具体分析，上级课程文本除了指令性内容之外，也充分考虑到了不同的情况差异，希望能够为学校、教师等提供自由空间与自由发挥的余地，所以没有过多的限制，而是提供了一些建议。

针对上级课程文本的科学建议，学校在开展民族体育教学时，可以适当进行参考。

（3）修改上级课程文本规定。我国的实际情况从某种程度上决定了上级课程文本制定的参照面主要是从全国或者全省综合情况着手的，所以这个文本只是对一些方向性与策略面的把握，其中难免会有一些与学校实际情况不相符的部分，学校应灵活结合实际情况，对此部分内容进行必要的修改。

除此之外，上级课程文本无法全面顾及每一个学校及每一个地方的教学情况，所以有着比较强的概括性特点，地方与学校应适当进行条文细化，在细化过程中根据实际情况加以补充、修改。但是在修改的过程中应注意在上级文本建议指导的框架内进行，且修改不能违背上级文本的主要方向与意图，主要针对教学方式、资源配备等改动。

（4）延续传统教学内容。我国发展至今，许多民族体育项目被引入了学校体育教学中，传统的民族体育内容在我国学校体育教学中延续多年，学校也有着许多丰富的场地与器材等课程教育资源。教师也基本上掌握了一定的民族体育教学内容，并且有着诸多宝贵的经验值得借鉴。因此，在当代学校选择民族体育教学内容的时候，仍可以将民族体育作为主要教学内容，但是在选择民族体育内容的时候，应注重多倾听学生对于教学内容的建议与感受等，从而将"以人为本"的教育理念渗透于体育教学的每一个环节之中。

（5）改造传统教学内容。从我国目前当代学校开展民族体育教学的情况来看，民族体育教学内容具有无可替代的优势与作用，但是其中诸多的民族体育教学内容明显已经无法适应当代学校体育教学的基本要求。对此，为了更好地将民族体育教学内容优势发挥出来，并且使其可以为当代学校体育教学服务，就应适当对民族体育教学的内容加以改造、完善等，从而适应现代化教学的实际需求。具体来说，可以借助简化规则、降低难度等多种方式，改造民族体育教学内容的技术难度、规则秩序等。

（6）融合新型教学内容。如今处于快速发展的时期，社会的创新速度与日俱增，这对民族体育在当代学校体育课程教学中的内容起到了无形影响，进而引发了将新型教学内容融合至民族体育教学的浪潮。

现代化的新型民族体育运动项目进入学校体育教学中，必将为民族体育教学注入新的活力。基于此种背景，应注意由于多种现代新型运动项目需要特殊的运动设施与场地条件等，所以融合现代新型项目需要结合当前现有的场地器材条件、原理等，灵活设计有关的、近似的教学内容，并且使其更加具有适用性与可操作性，推动民族体育教学的发展，并且能够有效提高学生身心健康水平。

2. 民族体育教材的选择原则

（1）科学性。科学性原则主要是指教师在民族体育教学实践活动之中，所选择的具体教学内容应有助于提高学生身体锻炼、运动技能水平等。①民族体育教学内容可以很好地为发展学生身体健康而服务，有利于锻炼学生能力；②民族体育教学的内容应保证在民族体育教学环境与条件之下实施，在实施的过程中应以做好安全防护为前提。

（2）可行性。可行性原则指的是教师在民族体育教学活动之中，所选择的具体教学内容应符合当地大多数学校的物质条件、学生情况以及教师能力等。这是一项比较关键的原则，一些民族体育活动项目看似能很好地提高学生意志力与身体素养，但是在学校教育环境之中难以实现。例如，朝鲜族的代表性民族运动——秋千运动，一方面，在学校开展秋千运动需要学生投资安装有关的器材；另一方面，作为具有开放性的器材，其安全问题值得被严格关注。由此可见，在当代学校开展这项运动存在着一定的不可行性。此外，还有诸多不符合学校实际条件的教学内容，应在审核阶段果断放弃这些内容。

（3）与教学目标的统一性。与教学目标统一性的原则主要是指在体育教学中，教师对民族体育实践内容的选择应经过一定的判断，选取具有能完成民族体育教学目标功能的内容，且确保所选取的内容是健康、有教育意义的。除此之外，教师还应选择一些具有中国特色的、地方特色的民族体育运动项目，在当代学校体育教学中巧妙融合。

（4）趣味性。所谓趣味性原则主要是指教师所选择的民族体育教学内容能够大大激发学生的兴趣，促使学生在参与体育运动中感受快乐。趣味性原则也被称为"快乐性原则"，从民族体育教学的角度上来说，引导学生体会到其中的乐趣也是其参与体育学习的主要动机。因此，应尽可能挑选趣味性较强的民族体育内容，从而充分调动学生主动性。

第二节　民族体育融入学校体育教学的教学改革

一、学校体育教学的现状及改革

（一）学校体育教学发展的现状

近年来，我们国家体育教学改革如火如荼，诸多新的教育思想打破了传统的以竞技体育为主的体系，力求在教学过程中添加更具人本主义精神的，以及具有娱乐、健身等价值的教学内容，并将其作为当代学校体育教学改革的主要目标。基于这种理念指导以及众多有益的教学改革尝试，当代学校体育教学改革取得了良好成绩。虽然，我国当代学校体育教学改革逐渐走向了正确道路，但是走完这条路仍然需要比较漫长的时间，其过程也难免会经历诸多困难。

当代学校体育教学改革需要结合实际情况而定，我国当代学校体育教学现状主要体现在了四个方面。

1.教学质量呈现下降趋势

目前我国的学校体育教学目标相对来说不够准确，因此会导致学生在学习该领域时的积极性不高，其学习个性难以充分体现出来，仅仅是被动参与学习，不能充分体现出现代化体育的特殊性。新型教学理念需要教师在教学过程中体现出以人为本、主动性的双重原则，但是在实际的当代学校体育教学活动之中，为了单纯追求教学的效率，一方面，教师强调要在秉承以人为本的原则下开展实践教学活动；另一方面，教师仅仅是在教学实践中，将这些理念停留在了文字与语言上，呈现出空洞、乏味的问题。学生在接受教学活动的过程中难以体验到新意，长此以往，学生也逐渐失去了对体育学习的兴趣与期待，导致当代学校体育教学工作质量下降。

2. 教师专业水平普遍较低

当代学校体育教学中涉及了诸多的内容，与其他学科相比较，整体的教学环境也有着比较大的区别，可见，体育教学并非教师带领学生"玩"。当代学校体育教学课程的专业性比较强，为了达到预期的体育教学目标，急需拥有丰富经验的教师。当代学校体育教学中有着比较新颖、现代的体育运动内容，教师能否深入掌握这些运动技术项目是确保教学质量提高的关键所在。

但是，结合目前的当代学校体育教学实际情况而言，许多教师的学习速度尚不能跟上新兴运动进入校园的速度，当代体育教师培养大多在传统体育教学模式下产生，一些学校甚至专门聘请了退役运动员担任学校体育教师职位。这两种类型的教师大多数是技术型或者训练型的，他们对于自己已经掌握的运动技能有着足够的信心，但是由于他们从小就接受体育运动训练，导致他们文化水平普遍不高，与其他文化学科教师相比较，他们的研究能力较低。此外，由于受到了传统方式的限制与影响，体育教师在日常工作中往往存在着随意性较大的问题，对专业以外的体育课程与项目缺乏重视。

由于多种不利因素的影响，导致我国体育教师整体的专业水平较低，他们所掌握的知识比较陈旧，教学方式及教育思想等缺乏创新，严重影响了当代学校体育教学的进程。

3. 缺乏硬件设施

学校本应该是优先得到良好体育教育资源的，但是结合实际情况来看，许多学校的体育资源仍存在着陈旧、不足等多种问题。教育的改革虽然全面推动了学校生源增加，但是学生人均体育资源则有着持续不变且逐年下滑的现象，这样就加大了学生数量与体育教育资源数量的反比关系。由此我们可以看出，体育教学场地设施的缺失，成了限制当代学校体育教学发展的主要原因之一。

4. 传统教育思想占据主导

我国是教育大国，并且传统文化中也比较重视育人作用，所以传统教育理念延传至今。但是，现代化教育早已不同于传统教育，这是社会发展过程中产生的一种必然现象。如果在当代学校中仍沿用传统的教育思想，那么则容易影响我国学校教育现代化发展，甚至会影响到国家未来教育的发展趋势。

从我国当代学校体育教育的思想而言，一直以体育健康理念为主开展教学。实际上，这种理念不是错误的，当代教育理念着重强调素质教育之后，仅仅在乎身体健康的体育教学活动就体现出了片面含义。基于德、智、体的教育思想，其在教学实践中过于重视"体"，忽视了"德""智"方面的培养，而这两方面又是素质教育背景之下，社会所需人才不可或缺的重要内容。综上所述，如果当代学校体育教育工作仍停留在竞技项目视角上，将会对我国学校体育教学的发展产生极为关键的影响。

（二）学校体育教学的改革

1. 体育教学改革主要内容

当代学校体育教学中所涉及的内容十分广泛、丰富，学校体育教学改革主要是针对于内部各个组成部分。可以说，学校体育教学的主要构成部分就是教育改革的内容，主要包括了以下五个方面。

（1）体育教育主要思想。体育教育的主要思想是指学校体育教学指导思想、教学原理等，其能够有效解决学校体育教学改革中出现的根本性、方向性问题，对当代学校体育教学起到了指导性作用。

对此，正确的体育教育思想是培养未来能够适应自身与社会需求的体育人才基础。

（2）体育教学课程体系。新时期背景之下，体育课程改革作为我国当代学校体育教学中亟须解决的核心问题，应与素质教育要求相互适应，并且积极建立新课程体系，适当开展选修课程，把控必修课、选修课与理论课等比例。

（3）体育教学核心内容。当代学校体育教学的核心内容方面，主要是以学校体育教育目标、任务以及学生综合情况为主要依据，深入分析、研究体育教材内容的安排，并且着重解决学校体育教学内容的针对性、实效性等多种问题，教学核心内容是当代学校体育教学改革的主要部分。

（4）学校体育教学方式。就目前而言，我国在当代学校体育教学中，所采用的方式仍然以传统教学为主，大部分教师过于重视讲解示范、学生练习、纠正错误的单一方式。运用这种教学方式不仅对于学生积极、主动进行体育学习较为不利，并且在较大程度上影响了当代体育教学效果的良好发挥。基于此，教师应结合学生的发展情况，积极探索多元化的教学方式，使教学方式能够适应现代社会以及学生综合发展需求。

（5）学校体育教学管理。在我国学校体育教学改革中，体育教学管理工作是比较重要的内容，其中包括了诸多内容，最主要的是体育教与学之间的辩证关系研究以及教师主导与学生主体作用相互协调等方面的研究，从而使学校体育教学与当代教学整体发展的基本规律相一致。与此同时，还应积极研究学校体育教学的诸多常规制度，建立科学的体育教学秩序管理等问题，从而确保当代学校体育教学步入合理化与规范化道路。

2.学校体育教学改革现状

当前，我国有关教育部门为了顺应新形势的发展，积极开展教学改革论证工作，其中一些工作已经走向了实践阶段。体育教学改革是其中较早开始实行的一项政策，所以在教学改革中扮演着"先锋者"。受到教学改革的影响，各级学校积极进行了探索与尝试，所以体育教学也迈入了一个崭新的改革阶段。随着教学改革的深入推行，在此过程中也逐渐发现了更多的问题，这些问题普遍存在于当代学校体育教学改革的进程之中，同时也在一定程度上制约了教学改革的进行。除此之外，教学改革的主要目的是有效化解种种问题，我国现阶段的学校体育教学改革现状表现在以下五个方面。

（1）体育教学观念落后。在我国学校体育教学中，加强学生对于体育知识技能培养的教学行为是十分必要的，不仅能够使学生学习到体育技能与知识内容，最重要的是还能够使学生通过对体育内容的学习，将来合理应用到必要之处，如掌握一定的健身方式等。但是当前我国学校体育教学的观念较为落后，基本上停留在传统的对体育技能的教授方面，教学活动的开展仅仅按照大纲与教材，对于学校体育教学中引申的内容涉及较少，更未能将"终身体育"思想落实到教学实处，对我国体育事业的发展以及学生综合发展等造成了不利影响。

除此之外，以教师为主导的教学模式致使学生们长期处于被动学习状态之中，教师在传授体育知识的过程中，将基础知识、基础技术、基础技能作为重点，仍要求学生学习、掌握这些重点部分，这种方式在较大程度上轻视了学生思维能力的发展。

（2）体育教材指向不明。根据有关的研究表明，我国体育教学并未形成统一的教材，各地区学校使用的教材有着较强的随意性。笔者通过对部分学校的体育教材加以阅览以后发现，尽管这些教材存在着明显的差异性，但是其中也有许多相同的部分。例如，体育教材中的内容过于强调以体育技能传输为中心，过于重视教材外在形式等。如此，导致了学校体育教材本身的指向性不够明确，许多体育项目教材内容部分缺乏创新性与新颖性，这些情况都不利于增强学生学习体育技能与知识的热情。

（3）教学内容、方式单一。我国长久以来的教学活动逐步形成了一套单一的行为规律，秉承着讲解、示范、巩固、提高的教学方式。在较长的一段时间之内，这种教学方式被认为是最有效的教学流程。但是随着社会的高速发展与新型教学思维的推行，这种教学流程明显已经跟不上时代的变迁。如果未能积极寻求变革与创新，继续沿用这种教学流程，那么势必会导致学生始终处于被动的状态，不利于学生个性化成长，阻碍了教学水平的提高。

（4）师资力量比较薄弱。教师是当代学校体育教学运动中的主体之一，更是体育知识与体育技能的传授者。可以看出，在当代学校体育教学各个环节中，教师的作用是十分重要的，师资力量直接影响了当代学校体育教学的整体质量与水平。所以，良好的师资力量一直是我国当代学校体育教学发展的关键支柱，为推动教育事业发展作出了重大贡献。

经过有关的调查明显可以发现，当前我国大多数学校的体育教师在师资力量方面存在着一定的不足。比如，广大体育教师自身的专业知识水平有着下滑的趋势，并且在课堂实践教学活动的控制中也体现出了能力不足的迹象。在当代学校体育教学中，广大教师普遍更加乐于关注体育理论知识教学，从而忽视了教学中多层复合结构的有效应用。

（5）教学管理混乱无序。当代学校体育教学管理工作之中，混乱无序的主要问题表现在了以下三个方面。

首先，体育教育管理未能与教学改革同步发展，难以跟上时代的步伐，从而造成了体育教学组织建设与管理方面存在不足，严重对体育教学工作的顺利开展与进行造成了影响。

其次，缺乏体育价值观念方面的认知，这一重要问题不利于教学地位提高。

最后，体育评价内容方面，许多教师普遍关注技能教学，不注重评价方式的优化与调整。

除此之外，当代学校体育教学中存在着场地匮乏的问题，使体育教学已经无法满足教育改革发展需求，对学校体育教学质量与水平的提高造成了严重阻碍。

二、民族体育教学现状及问题

（一）当代学校民族体育教学现状

1. 教学理论现状

因为受到了多方面因素的影响，当前我国的民族体育在学校体育教学中仍处于较低的地位，未能受到应有的重视，诸多学校体育教学工作都有着民族体育可有可无的观点。所以，导致我国学校民族体育教学理论的研究发展较为缓慢，主要的原因是学校领导对于学校开展民族体育教学活动缺乏应有的关注与重视，并且对于当代学校师资培训、课程设置等都缺乏管理。尤其是对学校民族体育的人文关怀比较缺乏重视，使得当前阶段学校民族体育具备的文化感染力以及学科价值等遭到不断削弱，并且在较大程度上制约了学校民族体育课程资源的开发。

2. 体育教材现状

在我们国家民族体育教学活动中，体育教材主要有统编教材、本校自编教材等几种来源。

根据有关调查显示，目前我国开展民族体育教学的教材内容大多以田径、体操、武术等运动项目为主，知识范围涉及较广，且综合性比较强，但民族体育教学内容比较少。虽然这类教材与传统的学校体育教材相比较有了明显突破，理论上满足了学校民族体育教学理念以及课程改革的需要，但是仍存在着以下三方面问题。

（1）现有的学校体育教学中，仅以武术为主，甚至一些学校仅仅有武术，其他的民族体育活动项目涉猎较少或者几乎没有。尤其是具有娱乐性、健身性以及趣味性的民族体育大多没有得到重视，甚至没有被纳入民族体育教学之中。

（2）现有的民族体育教学项目与内容中，与民族体育项目教学活动相比较来说，没有明显的创新。

（3）当代学校民族体育教学中，武术理论内容部分未能有效突破体育教学专业武术理论内容。

从我国当代学校民族体育教材的现状分析可见，目前所使用的教材远远不能适应我国当前形势下学校民族体育教学的需求，在当代学校体育教学中，此类教材的理论内容部分十分滞后。我国民族体育教材与增强学生体育意识、促进学生良好习惯养成等方面的要求不符，并且应进一步加强促进学校民族体育文化传承目的。

3. 教学内容现状

综合而言，我国民族体育教学内容有以下两个特点。

（1）武术类运动项目主要是学校民族体育教学的主体部分，其他民族体育项目教学未能得到普及与完善。

（2）学校开展武术类运动项目时，主要教学内容十分陈旧、专业性较强，即便是一些学生对于这类项目有着一定兴趣，但是容易因为可操作性比较差，使这类课程项目开设以后选课的学生较少，从而面临着停止教学的状态。在开展民族体育教学过程中，许多教师对于每一个运动项目的名称、技术分析、动作要点等缺乏深入研究，未能凸显出教学内容的实用性、民族性等。

当然，在一些学校体育教育工作者以及有关部门的重视之下，我国民族体育教学取得了一定进步。例如，我国幅员辽阔，受到地域、气候等不同环境的影响，各地区学校充分将本地域的优势发挥，积极开展了与本地区民族相近的民族体育项目教学活动，并结合适当改进，使其能够符合学校教育以及学生身心发展，突出当代学校教学的特色。

4. 课程设置现状

就目前来说，我国民族体育教学尚处于初级阶段，所以在课程设置方面呈现出了三个特点。

（1）各学校重视程度有所区别。目前我国各个学校对于民族体育的重视度有所差异，一些学校对于民族体育教学有着较高的重视度，并且努力在课程设置方面突出传统体育活动项目的主要地位，重视采取必选课的方式开展教学活动。但是也有许多学校对于民族体育教学项目不够重视，多以选修课的形式开设课程，且课时较少。

（2）各学校授课形式各有差异。各个学校在民族体育授课的形式方面存在着较大差异，一些学校在授课的过程中重点强调突出专项。进行各个体育项目分类，并逐一展开教学活动，以期促进学生更加系统地参与民族体育学习活动。

（3）各学校重视学生主体地位。在各个学校民族体育课程教学中，主要教学内容的设置往往以突出学生主体为切入点，在课程设置方面，重点对学生所喜欢的民族体育项目进行分析，集中开设学生们喜欢的运动项目，对其开展教学活动，并充分考虑男、女学生不同项目的实际需求，以及不同学生娱乐、健身等需求。

5. 体育场地现状

我国对民族体育教学场地的建设相对来说比较落后，具体表现在了两个方面。

（1）我国许多的民族体育项目，包括武术、拔河等，所需要的器械十分简单，并且对于运动场地没有特殊要求。

（2）由于学校教学资金方面有限，对于民族体育教学的投资相对来说比较少，特别是对于竞技类的民族体育项目投资通常不予以过多考虑。由此可见，学校忽视了民族体育场地的建设与完善。

经调查发现，随着目前我国新一轮校园建设的进行，各学校对体育馆、体育场所的建设均达到了较高的标准。但是唯独缺乏民族体育教学场地的建设，即使是在全国学校内开展比较普遍的民族体育项目也没有设置专门的场地。例如，学校开展武术教学基本上以露天场地为主，毽球主要使用了羽毛球等场地，这些现象对学生参与民族体育项目的练习造成了严重阻碍。一些从事民族体育项目教学的工作者普遍认为，我国当代学校民族体育场地的匮乏是限制学校与课外锻炼的主要因素，并且学生的从众心理也必然热衷于参与西方竞技项目锻炼，从而冷落民族体育，长期下去，会对我国民族体育教学的可持续发展产生不利影响。

6. 教师队伍现状

2001 年，我们国家开始大力推行新课程改革，过去公体课的民族体育课程教学模式逐渐被改变，而是以选项课的形式开展教学活动。因为我国民族体育教学处于刚刚起步阶段，所以学校民族体育师资力量匮乏成为关键问题。

（1）教师的实际教学经验不够充足，在当代学校民族体育教学授课时，教师缺乏实践经验。

（2）教师专业性不强，在当代学校民族体育教学中，授课教师大多以武术专业为主，还有许多教师是从其他专业项目转过来的。

就我国目前的学校体育教学形势分析而言，在当代学校体育教学中融入民族体育是一项有开创性特点的工作。在教学实践中，为了推动学校民族体育的长期发展，应重视师资力量的建设。

（二）我国当代学校民族体育教学的问题

1.改革目标不够明确

从目前来看，我国正处于社会主义市场经济体制改革的新时期，虽然当代学校体育教学有了一定的发展成效，但仍有一部分问题需要进一步完善，从而实现与当前社会经济体制改革相适应。我国在当代学校民族体育教学中，缺乏明确的改革目标，仍以运动技术为中心的教学体系是其主要表现。

我国现阶段的教育目标是全面推动学生素质的提高，具体而言，素质教育的重点是帮助学生树立终身体育观念，培养学生形成高尚的体育道德情操，使其具备一专多能的业务能力，并且强化学生健身意识，为其终身体育打下良好的基础。与此同时，促使学生学会掌握科学锻炼身体的技巧与方式，帮助学生自身个性化获得充分发展，开发其智力，进一步达到推动学生身心健康成长的主要目的。

学校民族体育是我国民族文化与传统体育的重要组成部分，在一定意义上促进了学生素质教育目标的实现。虽然目前我国学校体育教学改革突破了将学生体质与健康作为第一的指导思想，但是也反映出了诸多问题。例如，当代学校体育教学的培养目标、课程设置等，充分反映出了计划经济的特点与传统思想的烙印。在当代学校民族体育教学改革的过程中，仍然存在着一些尚未得到较好解决的问题，主要有以下三个方面。

（1）教学改革目标仍然未能与具体操作内容结合起来。

（2）以运动技术为主的旧思想仍然存在。

（3）不重视以体育与健康强身育人、弘扬民族文化的传统体育，同时也没有被纳入当代学校体育教学内容之中。

由此可见，想要促使学生实现学有所用，真正将我国民族体育教学与现阶段社会对学生的更高要求相结合，达到学有所教、学有所用的效果，需要一个漫长的过程。

2. 教学模式的单一化

民族体育是传承、发展人类文化知识的基础教学模式，在融入当代学校体育教学后，教学模式主要是教师结合教学内容进行示范讲解，学生则主要模仿教师的行为。学校教育发展初期阶段，示范教学模式是必不可少的，并且十分具有先进性，不仅有助于教师教学工作的顺利开展，同时还能够保证学生快速掌握传统体育运动的有关基础知识。

随着社会的高速发展以及学校教育的不断改革，示范教学模式已经无法满足体育教学需求。单纯依靠教师的讲解与示范难以引导学生明确技术动作的本质，并且容易导致学生们形成动作定型，出现学生的动作不规范等问题，进一步大大降低学生实际学习的效果，难以在一个学习周期内完全掌握技术动作，无法实现学习目标。示范教学方式还会打击学生兴趣，导致学生们过于被动地学习民族体育，进而难以很好地弘扬民族体育文化。

3. 原生形态根深蒂固

目前我国的学校民族体育发展相对来说比较缓慢，大多数学校在开展民族体育教学时，主要形式为课外活动，这就在极大程度上造成了民族体育无法摆脱原生形态，导致学生们更加倾向于选择时尚的现代体育运动，从而很少选择民族体育运动项目。

我国的民族体育主要是通过遥远的奴隶社会发展而来，由于当时处于天然经济时代或者自然经济时代，从而对民族体育的产生与发展起到了积极作用。民族传统体育所依赖的广大农村地区与民族地区的经济、科学、文化等相对比较落后，在诸多因素的限制下，仍然有着许多民族体育项目难以摆脱原生形态的烙印，至今还带有浓郁的文娱色彩，这些项目也在较大程度上与舞蹈、杂技等混为一体。

4. 教学经费投入有限

当代学校民族体育是我们国家体育发展的重要基础，同时也是有效促进学生终身体育意识、终身体育锻炼等形成的关键途径，所以受到了有关部门的高度重视。我国出台了多项关于民族体育发展的政策，这对于我国当代学校体育教学工作的开展起到了一定程度的推动作用。结合实际情况而言，我国现阶段对于学校民族体育教学的支撑大多停留在理论方面，缺乏具体的实施。

相较于其他发达国家，我国在学校教育资金方面投入有限，并且在学校体育场地、设施等建设经费的投入中存在着严重不足。许多学校推进民族体育教学仅仅是空喊口号，在民族体育教学方面缺乏专门的场地以及专业的器材设备，将民族体育作为一种课外活动开展。从根本上来看，我国当代学校体育仍未能得到应有的重视。

5. 开展竞赛活动不佳

在当代学校体育竞赛活动开展中，除了个别的项目外，大部分的项目技术都有着多种多样的问题，如器材不够规范、标准不够统一等，这都对民族体育竞赛在学校中的开展造成了影响。

6. 西方经济体冲击

西方体育主要是通过教会学校引入我国的，随着西方文化对于我国文化的不断入侵，一些近代体育运动项目主要通过教会学校的途径传播至我国。

教会学校促进了真正意义上的西方体育在我国的发展与传播，西方体育观念对中国人的体育观念产生了比较大的影响，并且使其发生了比较大的变化。当前，在国际体育一体化新时期背景下，西方体育大大冲击了我国民族体育的发展。

中西方文化交流与发展的过程之中，西方文化占有主导性地位，进而导致了我国民族体育与西方文化产生了必然性冲突，但是在争夺主导地位的同时，西方体育的进步性、科学性被逐渐凸显出来，使越来越多的人开始引进、模仿、学习西方体育。受到了这种影响，我国民族体育逐渐产生了个性的异化。如此一来，导致民族体育文化个性异化的最为直接的一个原因，就是我国传统体育与西方体育长期以来在冲突中所表现出来的文化模仿形式。

我国幅员辽阔，导致民族体育发展存在着一定的地域差异，出现了不平衡的现象，同时也大大制约了学校民族体育的开展。除此之外，以奥林匹克为主流的世界现代体育出现了强烈冲击，导致许多学校将竞技体育作为重中之重，甚至以此为提升自身品牌的方式。许多学生也更加倾向于选择现代体育运动项目，并将其作为健身、娱乐的方式，对民族体育学习缺乏兴趣。

三、民族体育对于改变体育教学发展与改革现状的作用

（一）弥补场地设施不足的问题

当代学校体育教学应树立健康第一、终身体育的重要指导思想，学校应注重全面落实素质教育，场地、器材以及经费是保障素质教育落实的前提条件。结合实际情况来看，我国大多数学校都没有充足的体育经费投入，也未能充分为学生提供体育锻炼需要的器材与场馆，严重限制了当代学校体育教学的改革与发展。

基于这种情况下，民族体育表现出了极大的优势，因为许多民族体育项目对于硬件设施的要求不高，许多运动项目在硬件设施比较简单的情况下就能够完成，并且许多体育项目所需的器材有着简易制作的特

点，有助于学生高效参与学习。

与此同时，学生年龄、性别等方面的因素几乎不会影响民族体育活动项目的开展，主要是由于民族体育运动自身的特点能有效推动强身健体的目标实现。例如，少数民族的传统体育项目打草蛇、磨秋等活动开展只需要简单的设备，不需要太多的经费投入，甚至一些项目所需要的器材能够"就地取材"。当代学校民族体育项目的开展能有效节约成本，并且促进学生自身身体素质的提高，实现预期的教学目标，可谓一举多得。

综上所述，我国各级学校可以将自身的实际情况作为重要依据，适当选择、引进与本校实际情况相适合的民族体育项目，缓解硬件设施与经费不足的问题。

（二）推进教师教学水平的提高

1.民间艺人教师能丰富学校体育师资

当前，我国许多民族体育文化面临着失传与消亡的问题，学校是培育人才的重要阵地，积极探索民族体育文化师资培养方式，进而提炼出民族体育文化教育资源的传承模式。许多学校专门聘请了民间艺人进行学校体育教学工作，请民间艺人定期向学生传输民族传统体育项目。

借助民族传统体育文化课、特色活动以及课外活动等机会，学校专门聘请民间艺人为学生们授课，一些学校聘请的民间艺人也为广大体育教师进行授课等。这样一来，通过引入民间艺人能够缓解当代学校体育教学中师资力量不足的问题，也能够不断壮大学校体育教师队伍，进一步实现教学来源的多元化。

2.提高教师自身理论知识与实践水平

民族体育是中华民族的国粹，更是优秀民族文化中比较重要的一部分，其被引入当代学校体育教学之后，作为中华民族子孙后代，教师自然应保护、传承民族体育，并具备促进民族体育发展的责任感，这一责任感能够使教师不遗余力投入到日常工作之中，进而履行好自身的工作职责。为了更好地将民族传统文化传承，教师应学会有意识地主动参与各种培训活动、学习班等，从而不断增强自身的专业技术与理论水平，为推动我们国家民族体育的继承做出贡献。

（三）促进素质教育的有效实施

当代学校教育中应对学生实施素质教育，作为学校教育中的重要组成部分，学校体育应加强对素质教育的实施。体育教学不仅能够促进学生自身文化水平的不断提高，增强其身体素质，同时还能够及时调整学生的心态与情绪，帮助学生实现身心协调发展，同时有助于帮助学生形成良好品质，除此之外，体育教学活动的开展对学生智力水平以及审美能力发展等产生着积极影响，这些功能可以将学生们培养成为全面发展的人。

在我国传统的教学思想中，对体育活动的练习尤为重视，却忽视了智育、德育。民族传统体育作为体育的重要组成部分，这一社会文化现象有着多元化功能。民族体育能够从许多方面积极影响素质教育，特别是对于学生道德水平的提高，以及学生综合素质的发展等有着重要的意义。学生综合素质的发展应以思想道德素质为根本，民族体育从强身健体、愉悦身心出发，与德育、智育相关联，共同成为强化学生综合素质的重要组成部分。

中华传统文化的思想观念直接影响了民族体育，所以开展民族体育将提高人的思想境界方面看得较重，甚至强调意境方面更甚于强身健体，民族体育本身就是一部十分具有教育意义的思想道德教材。此外，民族体育文化的内涵十分丰富，有助于对学生学科文化素养的培养，加强对学生进行人文教育，能发展其健康个性。

　　民族体育融入当代学校体育教学，不仅能帮助学生体验现代体育的健身性、娱乐性以及竞争性，还能促使学生深刻领悟丰富的民族文化内涵，引导学生感受质朴的民族精神，促使学生得到身心满足，有助于其实现身心和谐统一发展，达到素质教育效果。

（四）丰富学校体育教学内容，推动教学改革发展

　　长期以来，在学校体育教学中以运动技术为主的模式未能改变，当代学校体育教学中始终贯穿着竞技运动项目，这些项目有着比较严密的规则，对于技术方面的要求较高，因此，导致了体育教学中的气氛过于严肃，缺少应有的轻松感。学生的天性十分活泼、好动，面对枯燥的学习内容自然难以提起兴趣，虽然一部分学生喜欢体育，但是却十分排斥上体育课。许多教师在体育教学活动之中，往往都是为学生们选取重复性的练习内容，采用的教学方式比较单一，体育教学通常只是机械进行。在面对这样的体育学习环境时，学生的兴趣往往不高。

　　除此之外，教师在教学时一直都是按照一定"规律"进行的，学生在习惯了这一套模式之后就会渐渐产生反感心理，课堂学习气氛比较压抑。他们极少有时间深入感受、体验健身运动的乐趣，多种因素造成了学生对于体育学习的兴趣逐渐下降。

　　民族体育集趣味性、健身性、娱乐性为一身，其中蕴含着浓郁的中华民族传统文化，十分重视"天人合一"的哲学观念与以人为本的体育观念，相对来说比较重视表演娱乐，并且有着许多不同类型的项目，以及丰富的内容与多样的形式。同时，场地、器材等诸多客观条件的限制比较小，没有复杂的规则，比较容易操作。所以，民族体育融入当代学校体育教学中，选取囊括了民族风俗风格的体育文化的传承，以及对符合学生身心发展特点的运动，从而有计划性地安排课程教学活动，不仅能够使当代学校体育教学变得更加有活力、有生机，同时还能够不断丰富、充实体育教学内容，充分激发学生学习的积极性，加强学生对具有

民族特色的文化进行深入体验，加深其对丰富多彩的文化生活的亲身感受。

由此我们可以看出，当代学校体育教学中引入民族体育能有效贯穿健康体育、快乐体育等理念，进而有效促进学生身心素质的增强，引导学生树立科学的体育意识与观念，促使学生逐渐养成终身锻炼的良好习惯，推动学校体育与社会体育的接轨，进而全面推动素质教育落实，改变当代学校体育教学改革问题。

第三节　民族体育融入学校体育教学的案例

一、西北地区学校民族体育教学

（一）西北地区学校民族体育教学的现状

为了方便开展研究，抽取了西北地区一些学校作为主要调查对象，并以多种途径对这些学校的部分体育教师进行了访谈，积极听取他们的意见与建议。结合调查访谈结果的分析可以发现，西北地区学校民族体育教学主要存在以下三个方面的问题。

1. 民族体育教学内容设置不平衡，教学内容缺少特色

目前，在西北地区比较广泛开展的，并且影响比较大的民族体育项目主要有武术、射箭、摔跤等，内容十分丰富，形式比较多样化。但是，在对西北地区普通学校民族体育课程内容的调查过程中明显可以看出，课程内容设置方面相对来说不够平衡，具体教学内容缺乏一定特色。绝大多数的学校民族体育课程教学中除了武术之外，所开设的教学活动项目比较少，并且内容十分单调、枯燥，缺少一定的特色，未能形

成课程规范。调查的过程中还发现了民族体育课程教学开设效果良好的学校主要集中在甘肃、宁夏两省中的几所学校。

2. 民族体育师资力量比较薄弱

在影响民族体育课程教学与民族传统体育运动有效开展的主要因素中，民族体育师资队伍是比较关键的部分。结合有关的调查可以发现，在民族体育师资队伍中，毕业于民族传统体育专业的教师占比较少。此外，通过调查还发现了由于我们国家学校培养学校体育师资的专业，具体教学课程以及教学内容中的民族体育元素较少，所以广大教师在从教之后，对民族体育接触面不多，接触的内容也比较少，造成了学校民族体育项目开展效果较差，并且缺少学校的大力支持。体育教师自身的科研能力、实践能力等相对来说比较薄弱，缺少团队之间的协作等原因，也成了影响西北地区学校民族体育良好发展的因素。

3. 学校之间开展民族体育差异较大

在西北地区开展学校民族体育运动的过程中，大多数的学校仍然保持着原来的体育项目，一部分学校增设了轮滑、定向越野等现代化项目，各个学校之间开展民族体育项目状况有着较大差别。例如，在实际调查中发现了一部分学校拥有武术俱乐部以及武术队，一部分学校定期参加全国武术锦标赛，同时，诸多的学校运动会开幕式中武术表演成为常态。总的来说，西北地区学校民族体育运动的开展存在着不均衡的问题，地区、学校之间的差异比较大。

（二）西北地区学校民族体育教学的策略

1. 提高学校民族体育教学的认知水平

想要推动高校民族体育的良好发展，应重视帮助师生对民族体育形成正确的认知。需要先解决校长、任课教师以及有关人员对于传统体育的认识，只有在形成共识的情况下，民族体育才能够在学校教育中得以顺利开展，并全面发展起来；只有广大知识传授者对于学校有效开展民族体育的意义与价值形成共识，才更加有利于当代学校民族体育取得良好发展，增强学生体育素养。

2. 加强学校民族体育科研

当代学校民族体育活动开展的主要途径就是民族体育课程教学，在西北地区，虽然少数民族的传统体育项目众多，加上汉族民间体育项目，呈现出了鲜明的特色，但是在西北地区学校开展民族体育项目却很少见，主要出现了教学内容与教育体系不够健全，教材建设滞后等多种原因。对此，当代学校应注重加强民族体育科研工作，并有效进行民族体育课程资源的开发、利用等，加强民族体育校本课程建设、教材建设，适当选择具有特色的民族体育项目，并融入当代学校教育中，进一步有效构建规范的、富有特色的学校民族体育教学内容体系。

3. 强化民族体育师资培训与培养

教师是开展教学活动的主体部分，同时也是影响着教学效果的主要原因之一。通过实践证明，如果没有一支专业素养好、事业心强的教师队伍，想要全面落实民族体育教学仅仅是一句空话。鉴于此，想要做好当代学校民族体育教学工作，培养师资是关键基础。各学校应结合自身实际情况，努力构建完善的师资培训与教师培养机制，充分借助多种方式加强师资培训，以期全面提高教师自身的技能与理论水平。

除此之外，有关教育部门应制订一套行之有效的教学激励机制，加强对教师科研、教研工作的督促，并且尽可能多组织教师展开专题研究，采取"请进来，走出去"的方式，博采众家之长而提高教师整体教育水准，做到学用结合。

二、西南地区学校民族体育教学

以下主要选取了西南地区中的学校民族体育教学进行研究，分析其现状与策略。

（一）西南地区学校民族体育教学的现状

1. 教学目标

结合对西南地区学校民族体育课程教学的调查可知，各个学校普遍对于民族体育教学的目标采用了自行制订的方式，主要内容涉及了《体育与健康课程标准》中所要求的五个领域目标，也就是运动参与、运动技能、身体健康、社会适应及心理健康。

与此同时，结合调查结果的分析发现了西南地区学校民族体育课程实际教学方面出现了诸多不足、弊端。①缺乏长期性的目标制定，过于注重学生运动技能掌握以及身体素质提高，在终身体育思想树立方面相对来说远远不够；②在民族体育教学活动中，大多数学校将重心放在了技术教学层次，不重视民族传统文化的承载。

2. 教学内容

根据调查结果显示，西南地区大多数学校都设立了民族体育课程，武术是主要教学内容，其中包括了太极剑、太极拳等。虽然，近年来逐渐引入了珍珠球、舞狮等项目，极大程度上丰富了民族体育教学内容，拓展了学生选课面，但是仍然有着许多各种各样、丰富多彩的民族体育项目未能受到重视，甚至被拒之门外。

基于此种背景，由于学生们的选择面不够宽，且内容比较单一，导致民族体育项目缺乏吸引力。结合学生实际兴趣爱好，应适当增加有关项目的时代性、实用性与娱乐性，同时，教师在开展民族体育教学活动的时候，还需要根据当地的民风、民俗选择项目。

笔者通过调查结果还发现，课程内容的设置方面存在着不平衡的现象，武术仍为民族体育课程的主干内容部分，而民族民间体育内容与养生保健体育内容为主的课程设置相对来说比较少。以紧密贴合现实生活的，且具有各民族特色的体育项目如满族的珍珠球、壮族的抢花炮等体育项目来说，虽然具有浓厚的趣味性、娱乐性，但是还未被引入学校教育中，尚未成为主要教学内容。一些技术性较强或者内容陈旧的武术项目，由于选课的学生比较少不能继续得以开设，如长拳类、器械类等诸多项目均面临着停开的状态。

结合对学生所喜欢的民族体育内容调查可知，大多数学生最喜欢的项目是太极拳，其次是象棋、散打、毽球等。与此同时，学生们对于其他民族的传统体育项目也十分感兴趣，只是在学校体育课程设计中未能融合进去，并且在学生生活的环境之中不常见。所以，应将其他内容丰富、形式多样的民族体育项目融入学校体育课程中。

调查还发现，男生、女生所喜欢的民族体育项目与喜爱程度等各有不同，所以在设置民族体育课程以及选择教学内容方面，应充分考虑到男女有别。以娱乐为主选择民族体育项目，更应注重选择健身养生、容易开展的体现民族性、趣味性强的项目。

3.教学方式

灵活采用多元化教学方式能够激发学生学习积极性，高效完成教学任务，取得良好成效。据调查结果显示，在西南地区学校民族体育教学中，主要教学方式有直观法、练习法等，直接说明了民族体育教学的方式比较简单，一味强调教师如何做，忽视了学生所占据的主导地位，师生之间缺乏必要的互动，这种方式在一定程度上打击了学生的创造性与积极性，严重制约了教学效果提高。

据调查结果显示，大多数学生对于教师的教学方式持有不满意的态度，可见，教师应在实际教学过程中不断对教学方式进行创新、纠正，使之能更好地为教学服务。

4.课程考核评价

在西南地区学校民族体育课程的考核评价方面通常存在着不合理、重技术、轻理论的问题，大多数学校仅仅是采用只考技术、不考理论的方式评价学生学习效果，只有少数学校以理论知识为考核内容。这种情况直接表明了西南地区学校体育教学课程内容的设置相对来说比较单一，重技术、轻理论的现象十分严重。

大多数学校忽视了学生在参与民族体育课程学习活动时，对于理论知识的掌握与学习态度等考核，这种考核方式大大挫败了一部分身体素质相对来说较差，但积极参与体育锻炼的学生的积极性，助长了身体素质相对来说较强的学生，实际上不能真正做到公平、全面、客观地对学生学习效果进行评价。

5.课程教材选择

目前，适合西南地区学校教学的民族体育课程教材相对比较少，没有明确的教材，且缺乏地方特色教材，大多数教材都是武术方面的内容。据调查显示，在民族体育教材选择中，未能形成统一的、科学的教材体系，这对民族体育课程的发展造成了较大的障碍。民族体育有着其独特的地域性与民族性，学校应结合实际教学需求，编写出自己的校本课程。

除此之外，笔者通过调查还发现，与民族体育课程教学有关的多媒体软件比较匮乏，在如今信息化时代背景下，学校普及民族体育网络教学以及开发民族体育课程多媒体教学软件，能使学生不仅在体育课中学习民族体育，还能随时随地通过计算机进行民族体育的学习、欣赏等，发挥现代技术的优势，达到民族体育课内、外相结合的效果。

（二）西南地区学校民族体育教学的策略

1.提升认知，转化观念

民族体育发展以及传统民族文化的传承需要提升认知，转化思想观念。所以，在当代学校体育教学中应解放思想，提高认识，重视当代学校开展民族体育活动，明确民族体育活动开展的重要意义，并加大民族体育教学的比重，使民族体育能够在当代学校体育中获得应有的地位，意识到民族体育的多元功能与作用，将提高学生身心健康与传承民族文化、发展民族体育事业灵活结合。

教师应在当代学校体育教学中转变陈旧的教学观念与课程理念，加强民族体育知识的学习与研究，在实际教学活动中，从现实情况出发，遵循民族体育特殊的教学原则与教学特点，选择适合的教学方式，以期提高民族体育教学质量。

2.整理、创新民族体育

西南地区有着众多的少数民族，且民族体育项目比较多，我们应加大民族体育研究的力度，并着重对民族体育展开全面、科学分析，将最具有代表性的、最能体现民族文化，同时便于实际操作，又能够满足学生身心发展特点需求的项目深入挖掘出来，经过整理、筛选以及创新等，取其精华去其糟粕，体现出民族体育的时代性。

（1）在开展民族体育教学活动的过程中，应注重教学内容的适当选择，既需要充分考虑其实用性、健康性等特点，又需要充分考虑体育项目的适宜地域、本校情况等，做到因地、因时等进行选择。

（2）应秉持针对性、目的性等原则，在开发、利用民族体育课程资源的时候注重更新课程理念，争取做到将传统性与现代性相统一，以及技术性与文化性相统一。

（3）应充分考虑到开设课程内容的条件与学校的实际情况以及师资力量是否相符。

3. 建设教材，传授理论

教材是教师开展教学活动的重要载体与基础，是学生学习知识的依据，同时也是教师教授知识的依据，所以应加大民族体育教材方面的编写。结合实际教学需要，将民族体育项目编订成册，从而为当代学校民族体育必修课、选修课等课程的开设提供教材，在编写内容方面不仅应涵盖技术技能，同时也应包含理论内容方面。结合现代体育科学理论的运用，深入、系统地研究民族体育产生的文化背景、特色特点等，促使民族体育更加规范化、民族化，形成完整的教材体系。

4. 借助多元民族体育活动营造校园文化氛围

课外民族体育活动是当代学校民族体育教学的延续与拓展，更是学校民族体育教学中比较重要的一个部分，能在一定程度上解决课时不足的问题。所以，立足于民族体育发展的视角上而言，当代学校民族体育教学活动开展的范围不能仅仅局限在传统课堂中，而是应有目的性、有计划性地广泛开展多元民族体育活动，合理实现课内外有效结合。比如，组建民族体育学生社团、训练队等，同时也可以成立民族体育表演队等，在学校组织的运动会、大型活动中展开表演，或者组织民族体育文化艺术节。

通过一系列多种多样、丰富多彩的学校民族体育文化活动实施，不仅能丰富学校体育文化内容，使当代学校体育教学形式更加多样，还有助于增强师生对于体育文化的认知，进而培养学校师生积极参与民族体育活动的兴趣。因此，营造良好的校园民族体育文化氛围，是有效促进当代学校开展民族体育活动的重要渠道。

三、东南地区学校民族体育教学

以下主要选取了东南地区学校民族体育教学展开研究，进而对其现状与对策进行分析。

（一）东南地区学校民族体育教学现状

1. 东南地区学校民族体育课程开展的情况

目前在东南地区各个学校教育中，大多数的学校都重视民族体育课程的开设，但是由于多种原因的存在，导致民族体育课程开设的面还不够广。主要开设的项目包括太极拳、散打、跆拳道等几类，并且极少数的学校突出表现了少数民族体育特色项目，如摔跤、毽球等项目只有极少数学校开设，武术是中华民族优秀的传统体育活动项目，开设该项目的学校最多。对此，学校应加强对少数民族体育的整理、挖掘，并成立专门的少数民族体育教研小组，对我们国家民族体育进行系统研究，在保持民族体育原有的民族性、历史性基础上，深入研究、开发技术动作、活动形式等，使之更符合当地学校体育教学实际。

2. 东南地区学校民族体育课程参考教材的情况

近年来，我国学校体育课程改革取得了良好成果，民族体育课程的改革逐渐加大了力度，改革了民族体育教学的方式与形式，并极大程度上拓展了民族体育内容，使其成为富有生气、深受学生喜爱的课程活动。武术是当代学校民族体育教学的重要内容部分，其参考教材的使用情况有着一定的代表性。

根据调查显示，目前在东南地区学校民族体育课程参考教材中，主要由任课教师随意选择、确定教材，这一现象无疑为民族体育课程在当代学校中的普及、发展带来较大的阻碍。

3.东南地区学校民族体育师资的情况

从调查学校体育教师队伍的现状来看，经过正规专业学习与训练的少数民族体育项目教师较少，主要来源是体育院系毕业生或者少数民族体育专业队队员。所以他们在少数民族体育教学方面的知识与经验相对来说比较匮乏，虽然许多学校引进了民族体育，但是广大教师通常也是边学边教，这无疑影响了民族体育在当代学校的开展。

4.东南地区学校民族体育课程评价与考核情况

课程考核是体育教学中至关重要的一个环节，是否能对学生的学习成绩进行客观、全面、合理的评定，直接影响了学生对体育课程的学习兴趣，同时也决定了体育课程在学校中的发展情况。

结合对东南地区学校民族体育课程评价与考核的方式调查可知，将理论作为考核内容的学校比较少，大多数的学校忽视了学生对于民族体育理论知识的掌握与学习态度等评价，考核内容过于片面化，通常将学生体育练习作为最终评定其成绩的方式。这种评价与考核方式相对来说不够科学，难以对学生形成全面评定，无法全面检测学生学习效果。

（二）东南地区学校民族体育教学策略

1.增强民族体育综合教育价值的认知

积极转变观念，将体育事业的发展，民族体育项目的开发与民族传统文化的传承，以及学生身心健康的培养等有机结合，从而使广大师生成为民族体育的实践者与倡导者。学校教师作为民族体育教学的重要实施者，应进一步解放自身思想，提升对民族体育的关注度。民族体育文化特征以及健身价值能满足学校实施素质教育的需求，其投入较少的特点能够满足学校教育低成本的需要，趣味性、娱乐性等特点能够满足学生的学习需求，整体来看有着无可替代的价值。

2. 通过民族体育加强对学生的民族精神教育

结合民族体育自身的诸多功能明显可以看出，民族体育是中华文明史中铸造的民族精神中的一朵奇葩，不仅比较符合我们国家学校体育教学中"健康第一"的重要指导思想，促进学生德、智、体全面成长，同时也是对当代学生进行爱国主义、民族精神教育的主要媒介。教师在教学中应引导学生加强对民族体育课程的学习，不仅需要认真学习具体的知识内容，还应不断培养自身对于中华传统文化的热爱、传承精神，将民族体育学习与终身体育锻炼有机结合，为良好健身习惯的养成夯实基础，民族体育课程的开发、实践，使当代学校体育教学更加突出了其民族性、地方性特征，帮助学生对民族文化形成深入了解，加深学生对体育意义的理解程度，同时也进一步推动了民族体育的发展。

3. 构建民族体育师资培训机制

提升教师自身能力，挖掘教师自身潜力，能够使少数民族体育资源的开发取得直接效益。所以，掌握有效的少数民族体育资源开发、应用的渠道、方式等，十分有必要建立科学的师资培训机制，将少数民族体育资源的开发与应用展开全方位培训，主要目的是促使教师积极转变自身教育观念，并及时更新课程理念，提高教师课程资源的意识，使教师能够灵活结合身体、心理及社会适应等需求，对少数民族体育资源进行适当的开发与应用。师资培训的方式主要可以采用少数民族体育活动研讨会、观摩会等多种形式，将少数民族体育优秀课程展示出来，并聘请专门的少数民族艺人、专家等做讲座，进而提高学校体育教师的知识与技能。

四、东北地区学校民族体育教学

（一）东北地区学校民族体育教学的现状

1.目标制订情况

结合目前的情况来看，东北地区学校体育课程教学的目标主要是由学校自行制订，具体内容包括运动参与、运动技能、身心健康等。当前，东北地区学校在民族体育课程实际教学中，目标有着短期性特点，整体的教育目标只是定位于完善身体形态以及提高技能水平方面，忽视了民族体育课程对终身体育能力培养的作用。

2.教学课程内容

据有关调查显示，东北地区大多数的学校在开展民族体育教学时，都是以武术为主设置具体教学内容，包括武术基本功初级拳、初级剑等，虽然一些学校引入了毽球、珍珠球等体育项目，丰富了学生参与民族体育活动时的选择，但是仍有绝大多数内容丰富、形式多样的民族体育项目未能被充分重视起来。

3.课程教学方式

东北地区学校的民族体育教学之中，通常重视采用直观教学法、练习法等教学方式，直接说明了民族体育课程教学方式的单一性与简单性特点。过于关注教师的"教"，忽视学生的"学"，这种偏向于传授技能的教学方式无形中助长了学生学习的依赖性，抹杀了学生学习过程中的创造性与积极性，影响了其主动接受学习内容的热情。

4.课程教学考核

东北地区学校民族体育教学中，教师在课程教学考核、评价方面，一般在专项综合技术、战术的考核与评价的占比较重，而在身体素质、学习表现等考核与评价的占比较少。这说明了东北地区学校民族体育课程教学内容十分单一，并且重视技术、轻视理论的现象明显存在，大多数学校的民族体育课程考核、评价内容过于片面。

（二）东北地区学校民族体育教学的策略

（1）依据当地的历史条件及人文环境，借鉴国内其他学校开展民族体育课程教学的经验，使更多的民族体育项目能够融入课堂教学中，从而形成新的教育格局。

（2）在东北地区有条件的学校开设民族体育专业，加速对于民族体育专业人才的培养。

（3）借鉴当地已有的民族体育训练基地经验，尝试着在学校建立更多的少数民族体育项目训练基地，从而便于更加系统地开展少数民族体育教学研究、训练等工作。

第五章 民族体育融入体育课程对策及教学实施

第一节 民族体育融入体育课程的对策与建议

一、改变观念与认识

进一步推动民族体育的发展，传承民族传统文化，提高认知水平，转变思想观念是十分有必要的，具体而言，可以从以下 4 个方面入手。

（1）应令当代学校领导增强对民族体育事业发展的重视程度，让学校领导充分认识到民族体育的多元化功能、作用，从而获取其对民族体育的关心、支持等。深入落实改革措施，解放传统思想观念，明确学校开展民族体育的重要意义；转变观念，加大民族体育教学的占比，体现出民族体育在学校体育教学中的应有地位。

（2）当代学校体育教师应将陈旧的教学思想、课程理念等积极转变，进一步加强对民族体育知识的学习，在现实课程教学活动中，结合实际情况遵循民族体育特殊的教学特点与教学原则，有针对性地选择合适的教学方式，进一步达到民族体育教学质量快速提升的目标。

（3）民族体育项目有着十分丰富的内涵，不仅包括太极拳、长拳等，这就需要学校民族体育教学内容应进一步向丰富多彩的层面上发展，不局限于单一模式。

（4）从目前的情况来看，由于一些学校在体育教学中尤为重视现代体育，对于民族体育则持有轻视态度，所以需要其用新型观念、思想对民族体育形成认识、研究、推广，达到发展民族体育的理想效果。

二、营造良好的校园文化氛围

课外民族体育活动对当代学校民族体育教学起到了关键的辅助作用，能够实现对学校民族体育教学的延续与补充，缓解民族体育教学课时不足的现象。对此，立足于发展民族体育的视角上来看，在学校范围内开展多种多样的民族体育活动，不仅能够在学校体育课程中进行，还需要有计划性、有目的性地开展多元化的民族体育活动，使课内外良好结合，全面营造良好校园文化氛围。

三、调整与充实教学内容

民族体育项目包括丰富多彩的内容，其中，最主要的就是有着各种养生导引术、民族民间娱乐、游戏等，可见，适合在当代学校开展的民族体育项目有很多，并不仅仅局限于武术方面。教师作为教学活动的组织者，应重视在学校民族体育教学中进一步调整、充实教学内容，并立足于多方面开发教学资源。

民族体育课程教学内容想要全面满足学生以及社会发展的需求，必须走出现有的单一竞技化、训练化的方式，并进行深入改革，深入挖掘、探索多样性教学内容，所开设的教学内容应对大多数学生掌握动作技术、运动技能的形成，以及课外体育活动参加的项目等方面起到良好推动作用，提高教学实效性。

在设置课程内容的过程中，应在听取学生学习心得后，根据学生的反馈与体验等，有针对性地调整、充实实际教学内容，尽可能多地将趣味性、实用性等元素融入进来，培养学生民族体育运动的兴趣。

第二节　武术课程教学

武术主要是以技击动作为关键，其运动形式是功法、套路、搏斗，并且是一项注重内外兼修的传统体育健身运动。武术作为我国民族体育中比较经典的运动项目之一，已经成为当代学校体育课程中比较主要的内容部分。

一、武术基本功与基本动作的教学

（一）武术基本功的教学

1.肩功教学

传统的武术肩功主要包括压肩、握棍转肩和臂绕环等。

（1）压肩的基本动作是面对肋木或者一定高度的物体开步站立，两手抓握肋木，上体前俯并做出下振压肩的动作。也可以是两人面对面站立，互相扶按肩膀位置，做出体前屈振动压肩动作。

练习过程中应注意几点要领，即挺胸、塌腰、双臂及双腿伸直，振幅逐渐增大，压点主要集中于肩部，增加外力时应从小到大。

（2）握棍转肩的基本动作是两脚开立，两手之间确保一定距离，正握木棍于体前，以肩关节为轴，两臂由体前经过头部绕至背后，再由背后经过头顶绕至体前。

学生在练习过程中需要注意几点要领，在转肩时，两臂应始终伸直，两手握棍的距离可以结合自身的实际情况进行适当调节，由宽到窄。

此外，经过实践练习可见，练习者经常出现在握棍后绕或者前绕的时候，出现两臂屈肘一次绕过头顶的错误。

（3）臂绕环包括单臂绕环、双臂前后绕环、双臂交叉绕环和仆步抢拍。

第一，单臂绕环的基本动作是成左弓步姿势，左手按在左大腿上，右臂上举，由上向后、向下、向前绕环一周，即为后绕环；右臂由上向前、向下、向后绕环一周，即为前绕环，应注重左、右臂交替进行练习。

学练要领为：臂伸直、肩放松、贴身画立圆，逐渐加速。

在实际练习的过程中，练习者经常出现的错误是绕环时，臂没有画立圆，动作僵硬。

第二，双臂前后绕环的基础动作是两脚开立，与肩同宽，两臂垂于体侧，左右两臂以此由下向前、向上、向后做绕环。数次之后，再做反方向绕环。

学练要领为：松肩、探臂，两臂于体侧成立圆绕环。

在练习的过程中，练习者常常出现同单臂绕环的错误。

第三，双臂交叉绕环的基础动作是两脚开立，两臂伸直上举，左臂向前、向下、向后，右臂向后、向下、向前，同时于身体两侧画立圆绕环。在数次之后，再做反方向绕环。

学练要领为：上体放松，协调配合两臂绕环，两臂于体侧成立圆绕环。

在练习的过程中，练习者经常出现同单臂绕环的问题。

第四，仆步抢拍的基础动作是两脚开立，上体左转成左弓步姿势，同时，向左前下方伸出右掌，左掌心向里，插于右肘关节处。上动不停，上体右转成右弓步，同时右臂由左向上、向右抢至右上方，左掌下落至左下方。上动不停，上体右后转，同时右臂向下、向后抢臂划弧至后下方，左臂向上、向前抢至前上方。上动不停，上体左转成右仆步，同时右臂向上、向右、向下抢臂至右腿内侧拍地，左臂向下、向左抢臂停于左上方。目随右手，在练习的时候进行左右交替。

学练要领为：两臂伸直，向上抢臂贴近耳，向下抢臂贴近腿，以腰带臂。

在练习的过程中，练习者时常会出现两臂抡摆不顺，上不能贴近耳，下不能贴近腿的错误。

2. 腰功教学

在武术练习中，腰功是展现身法的关键所在，传统的武术技法中也比较重视"以腰为轴"，所以不能忽视腰功方面的练习，腰功主要包括俯腰、甩腰、涮腰、下腰四种方式。

（1）俯腰包括前俯腰和侧俯腰。

第一，前俯腰的基础动作是并步站立，两手手指交叉，直臂上举，掌心朝上。上体前俯，两掌心尽可能贴地，也可以两手松开，分别抱住两腿跟腱处，胸部尽量贴近腿部，持续一定的时间之后再站立。

学练要领为：两腿挺膝伸直，挺胸塌腰、收髋、前折体。

在练习的过程中，练习者通常容易出现膝部弯曲或者含胸的错误。

第二，侧俯腰的基本动作是并步站立，两手手指交叉，直臂上举，掌心朝上。上体左转向左侧下屈，两手掌心触地，在持续一定的时间后，再起身做另一侧。

学练要领为：两腿挺膝伸直，两脚不能移动，上体尽可能下屈。

在练习的过程中，练习者经常出现同前俯腰的错误。

（2）甩腰的基础动作是开步站立，两臂上举。将腰、将髋关节作为轴，上体做前后屈动作，两臂同时随着摆动。

学练要领为：快速、紧凑、富有弹性。

在练习过程中，练习者经常出现甩腰幅度小、速度慢的错误。

（3）涮腰的基础动作是开步站立，上体前俯，两臂下垂随之向左前方伸出，将髋关节作为轴，向前、向右、向后、向左绕环一周，在练习的过程中需要交替进行。

学练要领为：两脚固定不动，两臂随着腰部放松绕动，尽可能增大上体绕环的幅度。

在练习的过程中，练习者经常出现绕环幅度较小的错误。

（4）下腰的基本动作是两脚开立，与肩同宽，两臂伸直上举，腰部向后屈，抬头挺胸，两手向后、向下撑地成桥形，也可以是两手扶墙做下腰动作练习。

在练习的过程中，练习者经常出现手脚距离比较远，下腰呈平板状的错误。

3. 腿功教学

武术腿功主要包括压腿、控腿、踢腿、搬腿、劈腿等。

（1）压腿包括正压腿、侧压腿、后压腿和仆步压腿。

第一，正压腿的基本动作是面对肋木或者具有一定高度的物体，并步站立，抬起左腿，将脚跟放置于肋木上，脚尖勾紧，两手扶按膝上，两腿伸直、立腰、收髋，上体前屈，向前下做压振的动作，在练习时需要将左、右腿交替进行。

学练要领为：直体向下振压，逐步增加振幅，前额、鼻尖触及脚尖，逐渐过渡至下颌触及脚尖，当压至疼痛时，再进行耗腿练习。

在练习的过程中，练习者通常容易出现两腿不直、上体不正等错误。

第二，侧压腿的基本动作是侧对肋木或者一定高度的物体站立，右腿支撑，脚尖外展，左脚跟放置于肋木之上，脚尖勾紧，右臂上举，左掌附于右胸前，上体向左侧压振，在练习的时候左、右腿交替进行。

学练要领为：立腰、展髋，直体向侧下压振。

在练习的过程中，练习者经常会出现两腿不直的错误。

第三，后压腿的基本动作是背对着肋木或者一定高度的物体站立，左脚背放置于肋木上，脚面绷直，两手叉腰或者扶着一定高度的物体，上体后屈并做出振压动作，在练习的时候应交替进行。

学练要领为：挺胸、展髋、腰后屈。

在练习的过程中，练习者通常容易出现两腿不直的错误。

第四，仆步压腿的基本动作是两脚左右开立，右腿屈膝全蹲，左腿挺膝伸直，脚尖内扣，两脚全脚掌着地，两手分别抓握两脚外侧，在练习的时候左、右腿交替进行。

学练要领为：挺胸、塌腰、沉髋，臀部应尽量贴近地面。

在练习的过程中，练习者常常容易出现步幅太小，髋关节拉不开的错误。

（2）控腿包括前控腿、侧控腿和后控腿。

第一，前控腿的基本动作是右手扶肋木或者一定高度的物体，侧向肋木并步站立，左手叉腰或者侧平举。左腿屈膝前提，脚尖绷直或者勾紧，慢慢向前上方伸出，停留片刻之后再还原，在练习的过程中应左右交替。

学练要领为：挺胸、直背、挺膝，控腿的高度可以随着练习的水平逐渐提高。

在练习的过程中，练习者经常出现双腿不直的错误。

第二，侧控腿的基本动作是右手扶肋木或者一定高度的物体，左手叉腰，侧向并步站立，左腿屈膝侧提，将脚尖绷直或者勾紧，向外侧前上伸出，停留片刻之后再还原，在练习的时候交替进行。

学练要领为：挺胸、直背、开髋、挺膝，控腿的高度可以随着练习水平逐渐提高。

在练习的过程中，练习者通常容易出现同前控腿的错误。

第三，后控腿的基础动作是右手扶肋木或者一定高度的物体，左手叉腰，侧向并步站立，左腿屈膝前提，脚尖绷直，向后上方伸出，停留片刻之后再还原，在练习的过程中应注重交替进行。

学练要领为：挺胸、展髋、挺膝、腰后屈，控腿的高度可以随着练习水平逐渐提高。

在练习的过程中，练习者经常出现同前控腿的错误。

（3）踢腿包括正踢、侧踢和后踢。

第一，正踢的基础动作是右手扶肋木或者一定高度的物体，左手叉腰，并不侧向站立，右腿支撑，左脚勾起，挺膝上踢，再下落还原，在练习的时候应交替进行。

学练要领为：挺胸、立腰、收腹、沉髋，踢腿过腰之后加速。

在练习的过程中，练习者经常出现侧身弯腰的错误。

第二，侧踢的基础动作是双手扶肋木或者一定高度的物体，丁字步站立，动作同正踢。

练习要领与常见的错误同正踢。

第三，后踢的基础动作是双手扶肋木或者一定高度的物体，并步站立，右腿支撑，左腿伸直，脚尖绷直，挺膝向后上踢起，也可以大腿踢过腰后，用脚掌触头部，练习的时候应左右交替进行。

学练要领为：挺胸、抬头、腰后屈。

在练习的过程中，练习者经常会出现左腿不直的错误。

（4）搬腿包括正搬腿和侧搬腿。

第一，正搬腿的基础动作是右腿支撑，左腿屈膝提起，右手托握左脚，左手抱膝，将左腿向前上方举起，挺膝，脚尖勾紧，也可以由同伴托住脚跟上搬，在练习的时候应左右交替进行。

学练要领为：挺胸、立腰、收髋，上搬高度依据训练的水平逐渐提高。

在练习的过程中，练习者经常出现同正压腿的错误。

第二，侧搬腿的基础动作是右腿屈膝提起，右手经小腿内侧托住脚跟，将右腿向右上方搬起，左臂上举亮掌，也可以由同伴托住脚跟向侧搬腿，在练习的时候应左右交替进行。

学练要领为：两腿伸直，挺胸、立腰、开髋。

在练习的过程中，练习者经常出现同侧压腿的错误。

（5）劈腿包括竖叉和横叉。

第一，竖叉的基础动作是两手左右扶地或者两臂侧平举，两腿前后分开成直线，左腿后侧着地，脚尖勾起，右腿内侧或者前侧着地，在练习的时候应注意左右交替进行。

学练要领为：挺胸、立腰、沉髋、挺膝。

在练习的过程中，练习者经常出现两腿不呈直线的错误。

第二，横叉的基础动作是两手在体前扶地或者两臂侧平举，两腿左右分开呈直线，两腿内侧着地。

学练要领为：挺胸、立腰、沉髋、挺膝。

在练习的过程中，练习者经常出现同竖叉的错误。

4. 桩功教学

武术桩功主要是通过静站的方式陪练练习者的气息，增强其力量，在武术基本功教学的过程中，桩功是一种比较独特的锻炼方式，主要包括马步桩、虚步桩、浑元桩等。

（1）马步桩的基础动作是两脚平行开立，为脚长的三倍左右，脚尖朝前，屈膝半蹲，大腿保持水平状态，全脚着地，将身体的中心放在两腿之间，两臂微屈平举于胸前，掌心朝下，目光正视前方，也可以两手抱拳于腰间。

学练要领为：挺胸、直背、塌腰，做深呼吸，静站时间逐渐增加。

在练习的过程中，练习者通常容易出现马步不稳的错误。

（2）虚步桩的基础动作是两脚前后开立，右脚向外展开，屈膝半蹲，左脚脚跟提起，脚面绷直，脚尖稍向内扣，虚点地面，膝微屈，重心落在右腿上，两手抱拳于腰间，目视正前方，在练习的时候应左、右腿交替进行。

学练要领为：挺胸、塌腰，虚实分明，静站时间逐渐增加。

在练习的过程中，练习者通常容易出现虚实不定的错误。

（3）浑元桩包括升降桩和开合桩。

第一，升降桩的基础动作是两脚平行开立与肩同宽，两膝微屈，两肘稍屈，两掌心向下，举于胸前，再配合呼吸，做出升、降的动作。

学练要领为：头颈正直，沉肩垂肘，松腰敛臀，上体正直，呼吸深、长、匀、细，升时配合着吸气，小腹外凸，降时配合着呼气，小腹内凹，在初练时静站三分钟左右，再逐渐增加。

在练习的过程中，练习者经常容易出现升、降时重心不稳或者升降幅度不大的错误。

第二，开合桩的基础动作是两脚平行开立与肩同宽，两腿屈膝略蹲，两臂屈肘，两掌心向内，之间相对，合抱于体前，随自然呼吸，做开合运动。

学练要领为：头颈正直，沉肩垂肘，松腰敛臀，上体正直，呼吸深、长、匀、细，开时配合着吸气，小腹外凸，合时配合着呼气，小腹内凹，在初练的时候应静站三分钟左右，再逐渐增加。

在练习的过程中，练习者通常容易出现屈膝不标准的错误。

（二）武术基本动作的教学

1. 基本手型与手法的教学

基本手型的教学

（1）拳的基础动作是四指并拢卷握，拇指紧扣食指的第二指节处，拳心朝上或下为平拳，拳眼朝上或下为立拳，拳分为拳面、拳背、拳眼、拳心、拳轮。

学练要领为：拳握紧，拳面平，直腕。

在练习的过程中，练习者常常出现拳面不平、屈腕的错误。

（2）掌的基础动作是四指并拢伸直，拇指弯曲紧扣于虎口处为柳叶掌，拇指向外展，成八字掌，大拇指向掌心一侧屈扣，其余四指并拢后张为直立掌。拇指侧在上，小指一侧在下，四指并拢，小臂与掌在同一直线上，即为柳叶掌。掌心向上直掌称仰掌，掌心向下直掌为俯掌。侧掌立于胸前或腋前，掌心向异侧方向，或者倒立于两侧腰间，掌心向前成为侧立掌。

学练要领为：掌心展开、竖指。

在练习的过程中，练习者通常容易出现松指、掌背外凸的错误。

（3）勾的基础动作是勾，屈腕，五指尖捏拢，勾分为勾尖、勾顶，勾尖向上为反勾手，勾尖向下为勾手。

学练要领为：尽可能屈腕。

在练习的过程中，练习者通常容易出现松指、腕没有扣紧的错误。

基本手法的教学

（1）冲拳的基础动作是两脚左右开立，两手握拳分别抱于腰侧，拳心向上，肘尖向后，目视正前方，右拳从腰间旋臂向前快速冲出，力达拳面，臂伸直高与肩平，左肘向后牵拉，目视正前方，在练习的时候应左右交替进行。

学练要领为：出拳动作应快速有力，有爆发力，并做好拧腰、顺肩急旋前臂的动作。

学练步骤是：①先慢做，不要用尽全力，注意把握好动作的准确性，再过渡至快速有力；②结合各种步型、步法等做出冲拳练习。

在练习的过程中，练习者经常容易出现冲拳无力、冲拳力点不准的错误。

（2）推掌的基础动作是预备姿势同冲拳，右拳变掌，由腰间旋臂向前立掌推出，速度应快，臂伸直，力达掌外沿，目视正前方，在练习的时候应注意左右交替进行。

学练要领为：挺胸、收腹、拧腰、顺肩，出掌应快速有力，力达掌外沿。

学练步骤是：①先慢做，不要用全力，做到动作准确，再逐渐快速有力；②左右交替进行练习活动，同时应结合多种步型、步法、腿法进行练习。

在练习的过程中，练习者通常容易出现推掌无力、力点不准的错误。

（3）亮掌的基础动作是预备姿势同冲拳，右拳变掌，从腰间向右、向上划弧至头右上方，肘微屈，抖腕翻掌，目视左方。

学练要领为：挺胸、收腹、立腰、抖腕。

学练步骤是：①在开始练习的时候，可以用信号或者语言进行提示，使抖腕、亮掌与转头相一致；②将手法与步型相结合进行练习。

在练习的过程中，练习者常出现以臂部动作为主，抖腕动作不够明显，亮掌与转头不一致的错误。

（4）架拳的基础动作是预备姿势同冲拳，右拳自腰间向左经腹前、面前向头上方旋臂架起，臂微屈，拳心朝前上方，目视正前方。

学练要领为：架拳时，前臂内旋，松肩，力达前臂外侧。

学练步骤是：①先慢做，不要用全力，着重体会动作路线，再逐渐加力；②结合步型、步法与手法进行练习。

在练习的过程中，练习者时常出现摆臂不顺，架拳不够稳健、舒展的错误。

2. 基本步型与步法的教学

基本步型教学

（1）弓步的基础动作是前脚微内扣，全脚掌着地，屈膝半蹲，大腿呈水平，膝部与脚面垂直，另一腿挺膝伸直，脚尖里扣斜向前方，脚掌着地，上体正对前方，两手抱拳于腰间。

学练要领为：挺胸、立腰，前腿弓、后腿绷。

学练步骤是：①逐步延长练习的时间，左、右弓步进行交替练习；②原地保持弓步姿势，做左、右冲拳或推掌练习，左、右弓步可以进行交替练习；③行进间练习，左弓步冲右拳再上步接右弓步冲左拳，按照这一顺序开展练习。

在练习的过程中，练习者通常容易出现上体前倾、后腿屈膝等错误。

（2）马步的基础动作是两脚左右开立，大概为脚长的三倍，脚尖正对着前方，屈膝半蹲，大腿呈水平状态，目视前方，两手抱拳于腰间。

学练要领为：头正、挺胸、扣足。

学练步骤是：①逐步延长练习的时间；②原地做马步蹲起练习，也就是马步与站立交替练习，还可以做马步左右冲拳或者推掌的练习，行进间练习。

在练习的过程中，练习者经常出现两脚距离比较大或比较小、弯腰跪膝等错误。

（3）虚步的基础动作是后脚尖斜向前，屈膝半蹲，大腿接近水平，全脚掌着地。前腿微屈，脚面绷紧，脚尖虚点地面。

学练要领为：挺胸、立腰，虚实分明。

学练步骤是：①可以先手扶一定高度的物体进行练习，或者将姿势适当放高，再逐渐结合要求做出正确动作；②逐渐延长练习的时间，可以结合手型、手法等进行练习。

在练习的过程中，练习者通常比较容易出现虚实不清的错误。

（4）歇步的基础动作是两腿交叉靠拢全蹲，左脚全脚掌着地，脚尖向外展。右脚前脚掌着地，膝部贴近左膝外侧，臀部坐于右腿接近脚跟处，两手抱拳于腰间，眼向左前方平视。左脚在前即左歇步，右脚在前即右歇步，在练习的时候应左右交替进行。

学练要领为：挺胸、塌腰，两腿靠拢贴紧。

学练步骤是：与虚步学练步骤相同，在做歇步的过程中左右交替进行，并增加手法。

在练习的过程中，练习者容易出现两腿贴不紧、后腿膝跪地，以及动作不稳的错误。

（5）丁步的基础动作是并步站立，两腿屈膝半蹲，右脚全脚掌着地，左脚脚跟提起，脚尖里扣，并虚点地面，脚面绷直，贴于右脚脚弓处，重心落在右腿上，两手抱拳于腰间，眼向左平视，左脚尖点地为左丁步，右脚尖点地为右丁步，在练习的时候应左右交替进行。

学练要领以及常见的错误与虚步相同。

学练步骤与虚步相同，同时交替进行左、右丁步，并适当增加手法练习。

（6）仆步的基础动作是两脚左右开立，右腿屈膝全蹲，大腿与小腿紧紧相靠，臀部接近小腿，右脚全脚掌着地，脚尖与膝关节向外展。左腿挺直平仆，左脚脚尖里扣，全脚掌着地，两手抱拳于腰间，眼向左平视。仆左腿为左仆步，仆右腿为右仆步，在练习时应左、右腿交替进行。

学练要领为：挺胸、塌腰、沉髋。

学练步骤与虚步相同，加手型、手法等，进行间连续做"仆步穿掌"。

在练习的过程中，练习者经常出现平铺腿不直，脚外侧掀起，脚尖上翘外展；全蹲腿未蹲到底，脚跟提起，上体前倾的问题。

基本步法的教学

（1）盖步的预备动作是两脚左右开立，同肩宽，两手叉腰。基础动作是中心左移，右脚提起，经左脚前向左侧横迈一步，右腿屈膝，脚尖向外展，两腿交叉，重心偏于右腿。在练习的过程中注意左右交替进行。

学练要领为：横迈要轻灵，步幅应适当。

在练习的过程中，练习者经常出现盖步幅度太小的错误。

（2）垫步的预备动作是两脚前后开立，同肩宽，两手叉腰。基本动作是后脚离地提起，脚掌向前脚处落步，前脚立即以脚掌蹬地向前上跳起，将位置让与后脚，再屈膝提腿向前落步，眼向前平视。

学练要领为：跳起腾空时，应保持上体正直并侧对前方。

在练习的过程中，练习者经常出现两脚碰击，与击步混淆。

（3）插步的预备动作是与盖步相同。基本动作是重心左移，右脚提起，经左脚后向左侧横迈一步，脚前掌着地，两脚交叉，重心偏于左腿，在练习的过程中应左右交替进行。

学练要领与常见错误同盖步。

（4）击步的预备动作与垫步相同。基本动作是上体前倾，后脚离地提起，前脚随即蹬地前纵。后脚在空中时应向前碰击前脚，在落地时，后脚先落，前脚后落，眼向前平视。

学练要领同垫步。

在练习的过程中，练习者通常容易出现两脚不碰击的错误。

（5）弧形步的预备动作与垫步相同。基础动作是两腿略屈，两脚迅速连续向侧前方沿弧线行步，每步的大小略比肩宽，眼向前平视。

学练要领：挺胸、塌腰，保持半蹲的姿势，身体重心应保持平稳，不要出现起伏的现象。在落步时，由脚跟迅速过渡至全脚掌，同时应注意转腰。

在练习的过程中，练习者经常出现行走时有起伏现象，走不出弧线的错误。

二、武术课程教学

（一）初级剑术教学

预备姿势：身体正直，并步站立，以拇指为一侧，中指、无名指、小指为另一侧，分别握护手盘与剑柄的分界处，掌心贴在护手盘的下方，手背朝前，食指贴在剑柄上，剑身贴在前臂后侧。右手握成剑指，食指与中指伸直并拢，无名指与小指屈向掌心，拇指压在无名指的指甲上，手腕反屈，手背向上，食指、中指内扣指向左下侧。两臂在体侧下垂，两肘微上提，目向左平视。

学练要领为：持剑时，前臂与剑身应紧紧贴着并垂直于地面。两肩松沉，上身微挺胸、收腹，两膝挺直。

1. 第一段

（1）弓步直刺。右手紧握左手中的剑，左手握成剑指，左脚向前上半步、屈膝。右脚前脚掌碾地，脚跟向外展，膝部挺直，成左弓步。与此同时，上身左转，右手持剑向身前平伸直刺，拇指一侧在上，左手剑指随之伸向身后平举，拇指一侧在上，目视剑尖。

学练要领为：做弓步的时候，前腿屈膝蹲平，两脚全脚掌全部着地。上身稍向前倾斜，腰应向左拧转、下塌，臀部不能凸起。两肩松沉，右肩前顺，左肩后引，剑尖稍高于肩部。

（2）回身后劈。左脚不动，膝部伸直，右脚向前上一步，膝略屈，上身右转。右手持剑经上向后劈，剑高与肩平，拇指一侧在上。左手剑指由下向前上弧形绕环，在头顶上方屈肘侧举，拇指一侧在下，目视剑尖。

学练要领为：上步、转身、平劈以及剑指向上侧举应保持协调一致。在转身之后，腰应向右拧转，左脚不能移动，剑身与持剑臂应形成直线。

（3）弓步平抹。左脚向左前方上一步、屈膝，右腿在后，膝部挺直，脚尖里扣，成左弓步。与此同时，左手剑指应由胸前下降，经左下向上弧形绕环，在头顶上方屈肘侧举，拇指一侧在下。右手持剑随之向前平抹，剑尖稍向右移，并目视前方。

学练要领为：抹剑时，手腕用力应尽可能柔和。

（4）弓步左撩。上身左转，右腿屈膝在身前提起，脚尖下垂，脚背绷直，同时，右手持剑臂外旋，使剑从前向上、向后划弧，当到达后方时，屈肘使手腕、前臂贴靠腹部，手心向里。左手剑指随之从头顶上方下落，附于右手腕部，目视剑身。

右腿继续向右前方落步、屈膝，左腿在后蹬直，脚尖里扣，成右弓步。与此同时，右手持剑从后向下、向前反手撩起，小指一侧在上，左手剑指随着右手运动，仍附于右手腕处，目视剑尖。

学练要领为：剑从前向后与从后向前弧形撩起的时候，应与提膝与向前落步的动作协调一致，握剑不能太紧。在形成弓步之后，上身略向前倾，直背、收臂，剑尖稍低于剑指。

（5）提膝平斩。左脚向前上一步，右手手腕向左上翻转、屈肘，使剑向左平绕到头部前上方，右脚随之从后向前屈膝提起。右手继续翻转手腕，使剑向右平绕至右后方，再用力向前平斩。左手剑指从下向左、向上弧形绕环，屈肘横举到头部左上方，目视正前方。

学练要领为：剑从左向后平绕时，上身应尽量后仰，使剑从脸部上方平绕而过，不能从头顶绕行。提膝时，左腿应挺膝伸直站稳，右腿屈膝尽量向上提。

（6）回身下刺。右脚向前落步，脚尖外撇，膝略屈，上身右转。与此同时，右手持剑手腕反屈，使剑尖下垂，随之向后下方直刺，剑尖低于膝，拇指一侧在上，左手剑指先向身前的右手靠拢，在刺剑的过程中，向前上方伸直，拇指一侧在上，目视剑尖。

学练要领为：右手持剑应先屈肘收于身前，在右脚向前落步以及上身右转的同时，使剑用力刺出。左腿伸直，右腿稍屈，腰部向右拧转，剑指、两臂以及剑身应形成一条直线。

（7）挂剑直刺。左脚向前上一步，屈膝略蹲，右臂内旋先使拇指一侧朝下成反手，再跷腕、摆臂，使剑尖向左、向上抄挂，当持剑手抄至左肩时，再屈肘使剑平落在胸前，手心朝里。此时左腿伸直站立，右腿随之在身前屈膝提起，左手剑指屈肘附于右手腕处。

接着，以左脚前脚掌碾地，上身右转，右手持剑使剑向下垂，左手剑指仍附于右手腕处，目视剑尖。

上动不停，仍以左脚前脚掌为轴碾地，右脚向身后跨一大步、屈膝，上身由右向后转，左腿在后蹬直，脚尖里扣，成右弓步。与此同时，右手持剑向前直刺，剑尖与肩同高，拇指一侧在上。左手剑指随之向后平伸，拇指一侧在上，目视剑尖。

学练要领为：挂剑、下插、直刺，这三个分解动作应做到连贯、整齐，与跨步、提膝等动作应协调一致。弓步直刺之后，两脚全脚掌均着地，上身稍向前倾、塌腰。

（8）虚步架剑。右手持剑先将剑尖由左向右搅一小圈，臂内旋使持剑手的拇指一侧朝下。以右脚跟与左脚前脚掌为轴碾地，右脚尖外撇，上身从右向后转，左脚向前收拢半步，两膝均略屈成交叉步。在转身的同时，右手持剑反手向后上方屈肘上架。左手剑指屈肘经左肩前附于右手腕处，并向左平视。

右腿屈膝不动，左脚向前进一步，膝盖稍屈，前脚掌虚着地面，重心落于右腿，成左虚步。右手持剑略向后牵引的同时，左手剑指向前平伸指出，手心朝下，目视剑指。

学练要领为：虚步必须做到虚实分明，右肘略屈，从而使剑身成立剑架于额前上方，左臂伸直，剑指稍高于肩部。

2. 第二段

（1）虚步平劈。左脚脚跟向外展，上身右转，重心移至左腿，右脚跟随之离地，成为前脚掌虚着地面的右虚步。在转身的过程中，右手持剑向下平劈，拇指一侧在上。左手剑指即向上屈肘，手心向左上方，目视剑尖。

学练要领为：虚步应虚实分明，劈剑时手腕应挺直。

（2）弓步下劈。右脚踏实，将身体的重心向前移，左手剑指伸向右腋下，右手持剑臂内旋使手心向下。左脚随即向左前方上步、屈膝。右腿在后蹬直，脚尖里扣，成左弓步。在左脚上步的同时，右手应持剑屈膝向左平绕，划一小圈后向前下方劈剑，剑尖高与膝平。左手剑指随之由右腋下面向左、向上绕环，在头顶上方屈肘侧举，上身略前俯，目视剑尖。

学练要领为：劈剑的时候，右肩前顺，左肩后引，剑尖与手、肩成一条直线。

（3）带剑前点。右脚向左脚处靠拢，以前脚掌虚着地面，两腿均屈膝略蹲。右手持剑向上屈腕，使剑向右耳际带回，肘略屈。左手剑指随之由前下落，附于右手腕处，目向右前方平视。

上动不停，右脚向右前方跃一步，落地后屈膝半蹲，全脚着地。左脚随之跟进，向右脚并、不屈膝，以脚尖点地，成丁步。与此同时，右手持剑向前点击，拇指一侧在上。左手剑指即屈肘向头顶上方侧举，手心朝上，目视剑尖。

学练要领为：向前点击的时候，右臂前伸、屈腕，力点在剑尖，手腕稍高于肩部，剑尖略比手低。在成丁步以后，右腿大腿尽量保持蹲平，左脚脚背绷直，脚尖点在右脚脚弓处，两腿必须并拢。上身稍前倾，挺胸、直背、塌腰。

（4）提膝下截。右腿伸直，左腿退步后屈膝，上身后仰。右臂外旋手心朝上，使剑向右、向后上方弧形绕环，左手剑指不动。

上动不停，右臂内旋使手心朝下，继续使剑向左、向前下方划弧下截，同时，上身向前探倾，左腿屈膝提起，目视剑尖。

学练要领为：剑从右向左的圆形划弧下截是一个比较完整的动作，必须连贯起来做。左膝应尽量提高，脚背绷直。右腿膝部挺直，站立应稳。右臂与剑身成一条直线，剑身斜平。

（5）提膝直刺。右腿略屈膝，左脚向前落步，脚尖外撇。右臂外旋使手心朝上，并且在左脚落步的同时，向上屈膝，将剑柄收抱于胸前，手心朝里。剑尖高与肩平。左手剑指随之下落，屈肘按于剑柄之上。此时，两腿应成交叉步，目视剑尖。

右腿向身前屈膝提起，左腿伸直站立。右手持剑向前平直刺出，拇指一侧在上。与此同时，左手剑指向后平伸指出，手心朝下，目视剑尖。

学练要领为：抱剑与落步，直刺与提膝应做到协调一致。

（6）回身平崩。右脚向前落步，脚尖外撇。左脚前脚掌碾地使脚跟外转，屈膝略蹲，同时，上身向右后转，成交叉步。右手持剑臂外旋使手心朝上，屈肘向胸前收回，剑身与右前臂成水平直线。左手剑指随之直臂上举，经左耳侧屈肘前落，附于右掌心上面，目视剑尖。

上身稍向右转，左腿挺膝伸直，右腿略屈膝。与此同时，右手持剑使剑的前端用力向右平崩，手心仍然朝上，左手剑指屈肘向额部左上方侧举，目视剑尖。

学练要领为：收剑与平崩两个动作应连贯起来，在平崩的时候，用力点在剑的前端。平崩之后，上身应向右拧转，但左脚不能移动。

（7）歇步下劈。右脚蹬地起跳，左脚向左跃步横跨一步，在落地之后，右腿即向左腿后侧插步，继而两腿屈膝全蹲，成歇步。在跃步的过程中，右手持剑向上举起，并且在形成歇步的时候向左下劈，拇指一侧在上，剑尖与踝关节同高。左手剑指随着下劈动作，下按于右手腕上面，目视剑身。

学练要领为：在成歇步的时候，左大腿盖压在右大腿上面，左脚全脚掌着地，右脚脚跟离地，臀部坐在右小腿上。劈剑的时候，右臂应尽量向前下方伸直，剑身与地面平行。劈剑与跃步成歇步动作需要同时完成。

（8）提膝下点。右手持剑先使手心朝下成平剑，然后用两脚前脚掌碾地，上身经右向后转动，两腿变转边站立起来，右手持剑平绕一圈。当剑绕至上身右侧的时候，上身稍向左后仰，同时，剑身继续向外、向上弧形绕环，剑尖接近右耳侧。此时，左手剑指离开右手腕向上屈肘侧举，目视前下方。

上动不停，右腿伸直站立，左腿屈膝提起，上身向右侧下探俯，同时，右手持剑向前下点击，拇指一侧在上，目视剑尖。

学练要领为：仰身外绕与提膝下点两个动作应同时完成，并注重连贯性，右腿独立的时候，膝部应挺直，左膝尽量上提，在点剑的时候右手腕应下屈，右臂、左臂以及剑指应在同一个垂直面内。

3. 第三段

（1）并步直刺。以右脚前脚掌为轴碾地，使上身向左后转。在转身的过程中，右臂内旋并向拇指一侧屈腕，使剑尖指向转身后的身前。左手剑指随之由上经右肩前、腹前绕环，向正前方指出，手心朝下，目视剑指。

左脚向前落步，右脚随之跟进并步，两腿均屈膝半蹲。同时，右手持剑向前平伸直刺，拇指一侧在上。左手剑指顺势附于右手腕处，目视剑尖。

学练要领为：两腿半蹲时，大腿应做到蹲平，两膝、两脚均应紧紧相靠、并拢。上身前倾、直背、落臂。两臂伸直，剑尖与肩部相平。

（2）弓步上挑。右脚上步屈膝，左脚脚跟稍内转，左腿应挺膝伸直，成右弓步。右手持剑直臂向上挑举，剑尖向上，手心朝左。左手剑指仍向前平伸指出，手心朝下，上身稍微向前倾，目视剑指。

学练要领为：左臂伸直，左肩前倾，剑指略高过肩部。右臂直上举，剑刃朝前后。上身挺胸、直背、塌腰。

（3）歇步下劈。右腿伸直，左脚向前上步，脚尖外撤，两脚随之交叉屈膝全蹲，成歇步。与此同时，右手持剑向前下劈，拇指一侧在上方，剑尖与踝关节处于同一高度。左手剑指屈肘附于右手腕里侧。上身稍前俯，目视剑身。

学练要领同第二阶段（7）的动作。

（4）右截腕。两脚以前脚掌碾地，两腿应稍伸直立起，使上身右转，右腿屈膝半蹲，左腿稍屈膝，左脚前脚掌虚着地面，成左虚步。右臂内旋使大拇指一侧朝下，用剑的前端下刃向前上方划弧翻转，随着上身起立成虚步，右手持剑再向右后上方托起，左手剑指仍附于右手腕，两肘均微屈，目视剑的前端。

学练要领为：两腿虚实应分明，上身稍向前倾，剑身平衡于右额前上方，剑尖稍高于剑柄。

（5）左截腕。左脚向前上半步，并且以前脚掌碾地，使上身向左后转，右脚随之向前上一步，前脚掌着地，两腿均屈膝，成左实右虚之右虚步。右脚上前一步的过程中，右臂外旋，使剑身的前端向左前上方划弧翻转，手心朝上，剑身与地面相平行，左手剑指随之离开右手腕，屈肘向上侧举，目视剑的前端。

学练要领同右截腕。

（6）跃步上挑。左脚经身前向前上一步，右脚随之在身后离地，小腿后弯。与此同时，右手心朝里，使剑由右向上、向左屈肘划弧，剑到达上身左侧的时候，右手靠近左胯旁边，拇指一侧在上，并向上屈腕。左手剑指在右手向左下落时，附于右手腕上面，目视剑尖。

左脚蹬地，右脚向右侧跃步，落地之后屈膝略蹲，左脚随之离地屈膝从身后伸向右侧方，从而形成望月式平衡。上身向左侧倾俯。在右脚跃步的同时，右手持剑向左胯旁向下、向右划弧，当剑到达右侧方的时候，臂外旋并向拇指一侧屈腕，使剑向上挑击。左手剑指即向左上方屈肘横举，拇指一侧在下，目视右侧方。

学练要领为：跃步与上挑的动作应保持协调一致，迅速进行。在挑剑的时候，腕部应猛然用力上屈。在形成平衡动作之后，右腿略屈膝站稳，左小腿尽量向上抬起。上身向右拧转，剑身斜举于右侧上方，持剑手略松，便于手腕上屈。

（7）仆步下压。右手持剑使剑尖从头上经过，继而向身后、向右弧形平绕，当剑绕至右侧的时候，即屈肘将剑柄收抱于胸部前下方，手心朝上。同时，右膝应伸直，上身立起，左腿屈膝提于身前，左手剑指仍横举于左额前上方。

上动不停，左手剑指经身前下落，按在右手腕上面。左脚向左侧落步，屈膝全蹲。右腿在右侧平铺伸直，脚尖里扣，成右仆步。与此同时，右手持剑用剑身平面向下带压，剑尖斜向右上方。上身前探，目向右平视。

学练要领为：做仆步的时候，左腿应全蹲，臀部应紧靠脚跟，不能凸起，两脚全脚掌均着地。上身前探时应挺胸，两肘略屈环抱于身前。

（8）提膝直刺。两腿直立站起，左腿屈膝提于身前，右腿挺直站立。与此同时，右手持剑向身前平伸直刺，拇指一侧在上。左手剑指屈肘在左侧上举，拇指一侧在下，目视剑尖。

学练要领为：右腿独立应挺膝站稳，左膝应尽量上提，脚背绷直，脚尖下垂。上身稍右倾，右肩、右臂以及剑身应成一条直线，左臂屈成圆形。

4. 第四段

（1）弓步平劈。右臂外旋，先使手心朝向背后，剑的下刃翻转向上，继而上身左转，同时左脚向左后侧落一大步、屈膝。右脚以前脚掌为轴碾地，脚跟稍外转，右腿挺膝伸直，成左弓步。左手剑指随着持剑臂的运行进行向右、向左、向上圆形绕环，仍屈肘举于头部左侧上方。与此同时，右手持剑向身前平劈，拇指一侧在上，臂应伸直，剑尖略高于肩部，目视剑尖。

学练要领为：向前劈剑与剑指绕环两个重要动作必须协调并同时完成，两肩应放松。

（2）回身后撩。右脚向前上一步，膝微屈，左脚随之离地，小腿向上弯曲，上身前俯，腰应向右拧转。右手持剑随右脚上步而向后反撩，剑尖斜向下方，拇指一侧在下。左手剑指前伸成侧上举，拇指一侧在下，目视剑尖。

学练要领为：右脚站立应做到稳，左脚脚背绷直，上身挺胸，两肩放松。

（3）歇步上崩。右脚蹬地，左脚向前跃步，上身随之向右后转。左脚落地之后，脚尖稍外撇，右腿摆向身后。在上身转动的同时，右臂外旋，使拇指一侧朝上。左手剑指在身后平伸，手心朝下，目视剑尖。

上动不停，右脚在身后落步，两腿均屈膝全蹲，左大腿盖压在右大腿上，臀部坐在右小腿上，成歇步。与此同时，右手持剑直臂下压，手腕向拇指一侧上屈，使剑尖上崩。左手剑指屈肘在头部左上方侧举，拇指一侧在下方，目视剑身。

学练要领为：向前跃步、歇步与剑尖上崩三个动作应做到连贯协调，跃步应远，落地应轻。在上崩时，腕部应猛然用力上屈，剑尖高与眉平，歇步时，上身前俯，胸应内含。

（4）弓步斜削。左脚脚尖里扣，上身右转，右脚向前上步、屈膝，左腿在身后挺膝伸直，成右弓步。右手持剑臂外旋使手心朝上，在转身的过程中，屈肘向左肘前收回。左手剑指随之于身前下落，按在剑柄之上。上身向右前倾，目视前方。

上动不停，右手持剑从后向前上方斜面弧形上削，掌心斜向上方，手腕稍向掌心一侧弯曲。与此同时，左手剑指伸向后方，拇指一侧在上，目视剑尖。

学练要领为：斜削时，右臂应稍微低于肩部，剑尖斜向脸前右上方，略高于头，左臂应在身后侧平举，剑指略高于肩部。

（5）进步左撩。右腿伸直，上身向左转，左腿稍屈膝，同时，右手持剑使手心朝里经脸前转身向左画弧，剑至体前时，左手剑指附于右手腕里侧，目视剑尖。

以右脚跟为轴碾地，脚尖外撇，上身向右后转。左脚随之向前上步，使前脚掌虚着地面。与此同时，右手持剑反手向下、向前、向上继续画弧撩起，剑至前上方的时候，肘部略屈，拇指一侧在下方，剑尖高与肩部持平。左手剑指随着右手的动作，仍附于右手腕上，目视剑尖。

学练要领为：两个剑身的划弧动作，应连贯成为一个完整的绕环动作。在撩剑之后，右腿应微屈，左腿伸直，身体重心落在右腿，剑尖稍微朝下。

（6）进步右撩。右手持剑直臂向上、向右后方划弧，左手剑指随势收于右肩前，手心朝左，目视剑尖。

左脚踏实以后，以脚跟为轴碾地，脚尖外撇，右脚随之向左脚前上一步，前脚掌虚着地面。与此同时，右手持剑从右向下、向前划弧抡臂撩起，剑至前方之时，肘应微屈，手心朝上，剑尖高与头部持平。左手剑指从右肩前向下、向前、向后上方绕环，屈肘侧举于头部左上方，目视剑尖。

学练要领同进步左撩，只有左右相反。

（7）坐盘反撩。右脚踏实之后，向前上一小步，左脚从右腿后向右侧插一步，两腿屈膝下坐，成坐盘式。在左脚插步的同时，右手持剑向上、向左、向下、向右上方反手绕环斜上撩，剑尖高过头顶。左手剑指随之经体前向下、向后上方划弧，屈肘横举在左耳侧，拇指一侧在下。上身向左前倾俯，目视剑尖。

学练要领为：坐盘应与反撩剑动作协调进行，在坐盘的时候，左腿盘坐在地面，左脚背外侧着地。右腿盘落在左腿上，全脚掌着地，脚尖朝身前。上身倾俯时，胸部应内含，剑尖与右臂、左肘、左肩成一条直线。

（8）转身云剑。右脚蹬地，两腿伸直站立，并且以两脚的前脚掌碾地，使上身向左后转。在转身之后，右腿屈膝略蹲，右脚踏地，左膝微屈，前脚掌虚着地面，身体的重心落在右腿。与此同时，右手持剑随着身体转动一周之后，屈肘使剑平举，拇指一侧在下。此时，左手剑指附于右手腕处，目视剑尖。

上动不停，上身后仰，右手持剑向左、向右、向前圆形云绕一周，剑至身前时，右手掌心应朝上、松把，使剑尖下垂。左手剑指放开，拇指一侧朝上，准备接握右手之剑。此时，重心前移，左脚踏实，右腿伸直，上身前倾，目视左手。

学练要领为：转身与云剑的动作应做到连贯、完整，云剑要平、快，腕关节放松，使其更加灵活。

5.结束动作

右手将剑柄交在左手之后握成剑指，左手接剑之后反握住剑柄，向身体左侧下垂。此时，右脚向右前方上步，脚尖里扣，屈膝略蹲，上身随之左转。左脚随之向前移步，以前脚掌虚着地面，膝微屈。在上身左转的同时，右手剑指从身后向上屈肘侧举至头部右上方，掌心朝上，目向左平视。

学练要领为：重心落在右腿，上身前倾、挺胸、塌腰，两肩应送沉，左肘略微上提，剑身紧贴前臂后侧，并且与地面垂直。右腿伸直，右脚向左脚并拢，并步站立。右手剑指下落在身体右侧，掌心朝下，恢复成预备式，目向正前方平视。

学练要领与预备姿势相同。

（二）初级刀术教学

预备姿势：两脚并立，左手虎口朝下，拇指向前，其余四指应在后握住刀柄，手腕部位贴靠刀盘，刀刃朝前，刀尖应朝上，刀背紧靠前臂内侧。右手五指并拢，垂于身体右侧，目视前方。

1.第一段

（1）起势。左手握刀与右手同时从两侧向额上方绕环，至额前上方的时候，右手拇指张开贴近刀盘，接握左手刀。

学练要领为：两臂应与从体侧向额前上方绕环的动作保持协调一致。

（2）弓步藏刀。右腿屈膝略蹲，左脚向左上步。右手持刀使刀背贴身从左绕至身后，左臂内旋，向左伸出，目向左平视。

上身左转，左腿屈膝，右腿伸直，成左弓步。右手持刀，手心朝上，上身左转的同时，由身后向右、向前、向左平扫至左肋，臂内旋，手心朝下，刀背贴靠与左肋，刀身平放，刀尖朝后。左臂随之屈肘上举到头顶上方成横掌，目视前方。

学练要领为：缠头时，刀背必须贴着脊背绕行。在扫刀时，刀身平行，迅速有力。

（3）虚步藏刀。上身右转，左腿伸直，右腿屈膝，成右弓步。右手持刀，手心朝下，随上身右转向右平扫，刀背朝前。左掌向左侧平落，掌心向下，目视刀身。

顺扫刀之势右臂外旋，手心朝上，从而使刀背向身后平摆。

将右脚前脚掌作为轴碾地，脚跟向外展，上身随之左转，左脚后收半步成虚步。刀尖朝下，从背后向左肩外侧绕行。与此同时，左手经体前向下、向右腋处弧形绕环，目向左前方平视。

右手持刀从左肩外侧向下、向后拉回，肘略屈，刀刃朝下，刀尖朝前。左手向前成侧立掌，并平直推出，掌指朝下，目视左掌。

学练要领为：将上述几个动作连贯起来做，注意扫刀要平稳，绕刀应使刀背贴靠脊背。

（4）弓步扎刀。左脚稍微前移，踏实之后，右脚向前上步，成右弓步。左掌在上步的同时，向后直臂弧形绕环绕至身后平举成勾手，勾尖朝下。右手持刀随之向前扎刀，刀刃朝下，刀尖朝前，目视刀尖。

学练要领为：刀尖与右手、右肩应处于平行状态，上身略微前探，力达刀尖。

（5）弓步抡劈。左脚向左斜前方上步，成左弓步，右手持刀臂内旋、屈腕，从而使刀尖由左斜前方向上挂起，刀刃朝上。左勾手变掌附于右肘处，目视刀身。

右手持刀由上向右斜前方劈下，刀尖稍微向上翘。同时，左臂屈肘上举，至头顶上方成横掌，目视刀尖。

学练要领为：抡劈的动作应做到连贯、有力，与步法配合相一致。

（6）提膝格刀。左脚尖向外展，右腿提膝，刀从前下向左上横格，刀垂直立于胸前，刀尖朝上，刀刃向左。左手横附于刀背之上，目视刀身。

学练要领为：提膝与格刀应同时完成。

（7）弓步推刀。右脚向前落步，右手持刀向后、向下贴身弧形绕环。左掌此时由上而下按于刀背上面，目视刀尖。

上体稍微右转，左脚从体前上步，成左弓步。右手持刀随之向前撩推，刀刃斜朝上，刀尖斜朝下。左掌仍按刀背，掌指应朝上，上身前探，目视刀尖。

学练要领为：撩推刀应与步法相互协调一致。

（8）马步劈刀。上体右转，两腿屈膝半蹲成马步。右手持刀由左向上、向右劈下，刀尖稍向上翘，与眉部相齐。左掌在头顶上方屈肘成横掌，目视刀尖。

学练要领为：转身、劈刀应快，力达刀刃，马步两脚尖应向里扣，大腿坐平。

（9）仆步按刀。右脚向右后方撤一大步，右腿屈膝全蹲，左腿伸直平铺，成左仆步，上身在右转的同时，右手持刀做外腕花。左掌同时向下按切，附于右手腕处，刀尖朝左，刀刃朝下，目向左平视。

学练要领为：撤步与外腕花应快速有力，并与仆步按刀协调、连贯。在做仆步的时候，上身略向左前方探倾。

2. 第二段

（1）蹬腿藏刀。右腿蹬直立起，左腿提膝成独立。右手持刀向右后方拉回，左掌向左前方伸出，掌指朝上，目视左手。

上身左转，右手持刀由后向前，从左膝下方朝左裹膝抄起，左掌屈肘附于右前臂，目视前下方。

右手持刀由左肩外侧向后沿肩背部绕行，左腿向左斜前方落步成左弓步，左掌向左平摆。

右手持刀经肩外侧向前、向左平扫，到达左肋时，顺扫刀之势臂内旋，将刀背贴靠与左肋。此时，左掌随之屈肘上举至头顶上方成横掌。

右脚脚尖上翘，用脚跟向前上方蹬地，目视脚尖。

学练要领为：缠头的时候应使刀背绕裹左膝后，顺着脊背绕行，动作应迅速，蹬腿应快，并且与缠头刀协调、连贯。

（2）弓步平斩。右脚向前落步。左脚向前上步，右脚趁势提起，上身在上步的同时，应向右后转。右手持刀手心朝下，随着转身平扫一周。左掌从上向左后方平摆，掌心朝上。

右手持刀臂外旋，刀尖朝下，使刀从右肩外侧向后绕行，做出裹脑的动作。右腿后撤一步，成左弓步，右手持刀使刀背能够贴靠在左肋，刀尖朝后。与此同时，左掌屈肘上举到头顶上方成横掌，目视前方。

上身右转成右弓步，右手持刀，手心朝下，向右平扫，扫腰斩击，刀尖朝前。同时，左掌由上向后平摆，掌指朝后，目视刀尖。

学练要领为：裹脑时应使刀背贴靠脊背绕行，在斩击的时候刀应与肩斗，力达刀刃。

（3）弓步带刀。右手持刀臂外旋，将刀刃朝上，刀尖稍微向下斜垂。重心向左偏移，左腿全蹲，右腿挺膝伸直平铺成仆步。右手持刀向左上方屈肘带回。左臂屈肘，左掌附于刀把内侧，拇指一侧朝下，目向右侧平视。

学练要领为：翻刀、后带动作应连贯，在仆步的时候，上体应稍向左倾斜。

（4）歇步下砍。上身稍微抬起，右手持刀，刀尖向下，从右肩外侧向背后绕行。左掌同时向左侧平伸，拇指一侧朝下。

左脚从身后向右侧插步，此时右手持刀从背后向左肩外侧绕行，手心朝下，刀身平放，刀尖朝后。同时，左掌向右腋处弧形绕环，目向右视。

两腿屈膝全蹲成歇步，右手持刀在歇步下坐的同时，向右下方斜砍，刀刃斜向下，刀尖向前。左掌向左摆出，在左侧上方成横掌，目视刀身。

学练要领为：以上分解动作应连贯完成，一气呵成，在下砍时力点放在刀身后段。

（5）弓步扎刀。上体左转，双脚碾地，左脚向前上半步，成左弓步。与此同时，右手持刀，随势向前平伸直扎，刀刃向下，刀尖向前，左掌顺势附于右腕里侧，目视刀尖。

学练要领为：转身、碾地、上步以及扎刀应协调、连贯，力达刀尖。

（6）插步反撩。上体稍直起并右转，右脚不动，左脚向右前方活步。同时，右臂内旋，刀背朝下，使刀从前向下、向后直臂弧形绕行，刀刃朝下。左掌在屈肘的时候收于右肩前侧。

右脚向左脚前方上步，成右弓步，右手持刀向下、向前直臂弧形撩起，刀刃向上，刀尖向前。左掌从右肩向上直臂弧形绕行到头部上方时，屈肘横架，掌心向上，掌指向前，目视刀尖。

右脚内扣，上体左转，刀随着转体收于腹前，刀尖上翘，左掌下落附于右腕处，目视刀尖。

左脚向右脚后横迈一步，成左插步。与此同时，右手持刀向后反臂弧形撩刀，刀刃向上。左掌向左上方插出，掌心向前，目视刀尖。

学练要领为：上步应连贯，撩刀应走立圆，刀尖不能触地，力达刀刃前部。

（7）弓步藏刀。左脚向左前方上一步，同时，右手持刀臂内旋，刀尖向下，使刀能够由左肩外侧向后绕行，做出缠头的动作。

将身体的重心向左移，成左弓步，右手持刀从背后经右向左平扫，至左肋的时候，顺扫刀之势臂内旋，从而使刀背贴靠在左肋，刀尖向后。左掌屈肘上举到头顶上方成横掌，目视前方。

学练要领为：缠头的时候应使刀背贴靠在脊背绕行，扫刀应迅速，力达刀刃。

（8）虚步抱刀。上身右转，左腿伸直，右腿屈膝。与此同时，右手持刀向右平扫，左掌随之向左平摆，掌心朝上，目视刀尖。

上身稍直起，右手持刀顺平扫之势，臂外旋，手心应向上，使刀向身后平摆，继而屈肘上举，使刀下垂，刀背贴身。左掌应协调配合，目向右平视。

上体右转，成右弓步，右手持刀从背后经左肩外侧向身体前方平伸拉带，刀刃应向上，刀背应贴于左臂，刀尖向后。左掌从左向下、向前直臂弧形摆起，到脸前的时候，拇指应张开，用掌心将刀盘托住，并准备将右手中的刀接回，目视两手。

右脚跟外转，上体左转，左脚从左移至身前，成左虚步。与此同时，左手接刀，经过身前向下、向身体左侧抱刀下沉，刀刃向前，刀背贴靠于左臂，刀尖朝下。右手由身前向下、向后、向上直臂弧形绕至头上方的时候，屈腕成横掌，掌心向前，肘微屈，目向左平视。

学练要领为：裹脑刀应使刀背沿右肩贴背绕行，虚步应虚实分明。

（9）收势。右脚向前向左脚靠拢，并步站立。右掌随着从右耳侧向下按落，掌心向下，肘略屈，并向外撑开，左手握刀不动，目视前方。

学练要领为：上步与按掌的动作应做到连贯、迅速。

第三节　养生课程教学

中华民族传统体育的大家庭中，有一种体育运动囊括了比较明确的健身性，即民族健身功法。这种运动对于身体有着比较特殊的调养、保健功能，每个年龄段的人群都比较适合参加这种练习活动。当代学校体育教学中将养生课程引入，主要是力图通过民族传统健身的方式能够满足学生健身需求以及身心素养综合发展。

一、易筋经的教学

（一）易筋经的概括

1.易筋经的起源与发展

易筋经主要是源自我国古代秦汉的导引术，我们可以将其含义简要理解成活动身体肌肉、筋骨，令人体经络、气血等达到通畅的效果，从而所进行的一种增进健康、祛病延年的传统健身方式。

到目前为止，关于易筋经具体由谁创立的问题众说纷纭，各种说法不一致，但是结合一些历史文献与资料的研究可以看出，大多数的学者与资料记载认为易筋经、洗髓经以及少林武术等功法都是由达摩法师所传。

具有关的资料记载，达摩所传的禅宗以少林寺为主。所以，少林的僧侣在发扬、传承易筋经方面起到了十分重要的作用。可以说，易筋经的由来与禅宗修行方法有所关联，在禅宗中，一般将静坐作为主要的修行方式，但是长时间的静坐容易导致气瘀滞，为了使身体达到平衡状态，则需要通过武术或者导引术活动筋骨。所以，六朝至隋朝年间，河南嵩山一带比较盛行武术与导引术。少林寺的僧侣也通过这种方式活动筋骨，习武健身，并且在习武的过程中不断研究、实践、补充有关的动作与套路，从而使其逐渐成了一种比较特殊的习武健身方式，最终被定名为"易筋经"，并且在习武僧侣中秘传。

在流传的过程中，易筋经被民间篡改，传统的易筋经从中医、宗教、阴阳五行学说等视角，对功理、功法等进行了阐述，并且形成了不同流派以及不同的著作。

综上所述，易筋经集普及性与科学性为一体，且格调古朴，蕴含着新意。各式动作总体来说是有机的整体，动作注重伸筋拔骨，刚柔相济，呼吸要求自然顺畅，动息相融，并且以形导气，意随形走，易学易练，对身体健康比较有利。

2. 易筋经的特点

（1）群体的适应性较强。易筋经有着刚柔并济、动作简单等特点，这也使其能够比较容易被各个年龄阶段的群体所接受。对于学校中的学生而言，练习易筋经也是比较适宜的，尤其是对于一些体质稍弱的学生来说非常适合练习。此外，易筋经的练习场所并不苛刻，一般在空旷的场馆就能够进行，无须过多的条件，练习者只要能够将双脚平稳站立即可，想练即练。

（2）旋转屈伸动作较多。做以腰为轴的脊柱旋转屈伸运动是易筋经的主要运动形式，这种运动的形式主要来源于易筋经的创立目的，即为了平衡时常静坐修行的僧侣的身体状态。长时间保持同一个身体姿势不利于身体的血液循环，并且脊柱由椎骨、韧带、脊髓等组成，是人体的主要脊梁，有着支持体重、运动，以及保护脊髓与其神经根的作用。神经系统是由位于颅腔与椎管里的脑、脊髓以及周围神经组成的，神经系统控制、协调各个器官系统的活动，从而使人体成为一个有机整体，以适应内外环境方面的变化。所以，脊柱旋转屈伸的运动更加有助于刺激脊髓与神经根，从而增强其调节功能。

易筋经的主要动作是脊柱左右旋转屈伸运动、椎骨节节拔伸前屈等动作，这些功法都是通过脊柱的旋转屈伸而带动四肢、内脏运动，从而使机体能够在松静自然、形神合一中完成动作，进一步有效达到健身、防病、延年、益寿的目的。

3.易筋经的价值

（1）增强身体柔韧度。在易筋经动作套路中，几乎所有的动作都需要身体四肢与躯干充分进行屈伸、外展内收等运动，进而使人体骨骼以及大小关节能够在传统定势动作的前提之下，尽可能呈现出多方位、多角度的活动。这种设计方式主要是以"拔骨"运动实现"伸筋"的目的，从而牵拉人体各部位的大小肌群与筋膜等组织，有效促进活动部位软组织的血液循环，改善软组织营养代谢的过程，进而提高身体软组织的柔韧度以及灵活性等。

（2）提升身体协调性。自创立以来，易筋经经过了近千年的发展，并且伴随着其发展，人们对于其本身也逐渐有了一定改编，比如适当增加了动作之间的连接，通过这样的完善能够促使易筋经中每势的动作变化过程变得更加协调、柔和。整套功法能令肢体运动路线呈现出简单的直线、弧线，功法动作速度主要是匀速、缓慢移动身体，力量要求肌肉处于相对放松的状态，用力圆柔、轻盈，不适用蛮力，不僵硬，进而使动作刚柔相济。易筋经要求身体各部分之间都应有机地整体协调运动，彼此相随，密切结合，从而呈现出动作舒展、连贯等特点。同时，基于精神内涵的神韵之下，为人带来美的享受，是一种形体艺术。所以，易筋经比较适合当代学生进行练习，通过练习活动，能够帮助学生身体的协调性更加良好，并且在练习的同时，学生还能体验到民族保健养生的智慧结晶。

（二）易筋经的练习要领

1.放松精神，形意合一

易筋经不仅能够起到良好的保健作用，还能够对人的内心世界产生一定影响，使人在练习的同时感受到平心静气的舒适感。所以，想要有效练习易筋经，需要练习者在练习的过程中充分将精神状态融入，练习时需要放松精神，意识平静，摒弃凡心杂念，要求形意合一，意随形动。练习以调身为主，通过动作的变化导引气的运行，从而做到意随形走，意气相随。

所谓的"形意合一"并非固定不变的，在某些动作的练习过程中，需要将动作与意识相互结合，并通过两者的配合完成活动。虽然一些动作不要求配合意存，却要求配合形象的意识思维活动。这些都要求意随形走，用以应轻，似有似无，避免执着、刻意于意识方面。

2. 自然呼吸，贯穿始终

在中国传统体育养生活动中，气息是至关重要的，在易筋经的练习中也不例外，除了身体外形动作应达到应有的标准之外，在练习的时候，还应特别注意呼吸自然，并贯穿始终。

在练习时，练习者应做到呼吸柔和、自然，便于身心放松、心平气和的协调运动。反之，如果练习者不采用自然呼吸，那么容易在导引动作的匹配中呼吸有声，无声而鼻中涩滞，不声不滞而鼻翼翕动，一旦出现这种情况，则会使得练习效果大打折扣，练习者不仅无法从练习活动中受益，还会出现心烦意乱的情况，动作难以松缓协调，影响健身的效果。对此，在练习易筋经的时候，应将自然呼吸作为主要部分，动作与呼吸始终保持柔和、协调关系。

此外，在某些环节的练习中，练习者也应主动配合动作进行自然呼、自然吸，如在"倒拽九牛尾势"中的手臂拽拉时自然呼气，以及"出爪亮翅势"中的两掌前推时自然呼气等。

3. 刚柔并济，虚实结合

在练习易筋经的时候，应做到有柔有刚、虚实结合，实现刚与柔、虚与实的相互协调配合，即刚中含柔、柔中有刚，练习动作应避免绝对的刚或者绝对的柔。例如，"倒拽九牛尾势"中的双臂内收旋转逐渐拽拉至点，是刚与实，随后，身体以腰转动带动两臂伸展至下次收臂拽拉前是柔与虚，这种功法能够使人身体舒展自如、心境平和。

（三）易筋经的基本动作

1. 预备势

两脚完全并齐站立，手自然垂在身体两侧，微收下颏，唇齿合拢，舌头自然平贴在上腭，目视前方。

2. 韦陀献杵第一势

（1）左脚朝左侧平开半步，大约与肩部同宽，两膝微屈，呈开立姿势，并且两手垂在体侧。

（2）两臂从体侧朝前，抬到前平举的位置，两掌心相对，指尖朝前方。

（3）两臂屈肘，自然收回，指尖略微向前方倾斜，两掌合于胸前，掌跟膻中穴高度一样，目视前下方，动作稍停。

3. 韦陀献杵第二势

（1）将两肘抬起，并伸平两个手掌，手指相对掌心朝下，掌指与肩部大约成水平姿势。

（2）将两掌向前方伸展，掌心朝下，指尖朝前。

（3）两臂向左右分开，成侧平举，掌心朝下，指尖向外展。

（4）将五指自然并拢起来，坐腕立掌，目视前下方。

4. 韦陀献杵第三势

（1）在松髋的同时，将两臂向前平举，内收到胸前平屈，掌心朝下，掌与胸部相距约为一拳的距离，目视前下方。

（2）将两掌同时内旋，翻掌到耳垂下，两手掌心朝上，将虎口相对，两肘向外展，大约与肩部相平。

（3）身体的重心向前移，使前脚掌成为支撑，提踵。与此同时，两掌托到头顶上，掌心朝上，展肩伸肘，将下颏微收，舌头抵住上腭，牙关咬紧。

5. 左摘星换斗势

（1）两脚跟缓慢落地的同时，将两手握成拳，拳心朝外，两臂下落到侧上举。随后，两拳缓缓伸开变掌，掌心斜向下，全身处于放松状态，目视前下方。身体左转并屈膝，右臂上举经过体前下摆到体后，左手背轻贴命门，目视右掌。

（2）直膝，并将身体转正，右手同时经过体前，向额上摆到头顶右上方，松腕，肘微屈，将掌心朝下，手指应向左，中指指尖应垂直在肩髃穴。左手手背应轻贴命门，意注命门，右臂上摆的时候眼睛应随着手走，在定势之后，目视掌心处。静立片刻，再将两臂向体侧自然伸展。

右摘星换斗势与左摘星换斗势的姿势相同，唯独方向是相反的。

6. 右倒拽九牛尾势

（1）双膝微屈，将身体的重心向右移动，左脚应向左侧后方撤步。右脚跟应向内转，右腿成右弓步。同时，左手内旋，并且应该向前、向下划弧后伸，小指到拇指应逐个握成拳，拳心应朝上。右手向前上方划弧，伸到与肩部持平的时候，小指到拇指逐个握成拳，拳心朝上，并且稍微高过肩部，目视右拳。

（2）将身体的重心向后移，左膝微屈，应稍微向右转，以腰带动肩部，以肩带动臂部。同时，右臂外旋，左臂内旋，屈肘内收，目视右拳。

（3）将身体的重心向前移，屈膝成弓步，腰部稍微向左转，以腰带动肩部，以肩带动臂部，将两臂放松，并前后伸展，目视右拳。同（2）

重复几遍。

（4）将身体重心前移到右脚，并收回左脚，右脚尖转正，成开立姿势。与此同时，两臂应自然垂在体侧，目视前下方。

左倒拽九牛尾势与右倒拽九牛尾势的动作与次数等相同，唯独方向是相反的。

7. 出爪亮翅势

（1）身体的重心逐渐向左脚移动，收回右脚，成开立的姿势。同时，右臂外旋，左臂内旋，摆至侧平举后，两手掌心朝前，怀抱至体前，两臂随之内收，两手变成柳叶掌立于云门穴之前，两手掌心相对，指尖应朝上，目视前上方。

（2）展臂扩胸，松肩，两臂应缓慢朝前伸，并且逐渐转掌心向前，成荷叶掌，指尖朝上。

（3）松腕、屈肘、收臂，将柳叶掌立于云门穴，并目视前下方。重复几遍。

8. 右九鬼拔马刀势

（1）身体右转的同时，将右手外旋，掌心朝上，左手内旋，掌心应朝下。随后，右手从胸前内收，经过右腋下后伸，掌心应向外。左手由胸摆至前上方，掌心朝外。身体稍微左转，右手同时经体侧向前上摆到头前上方后屈肘，从后向左绕头部半周，掌心掩耳。左手经过左侧下摆到左后方，屈肘，手背应贴于脊柱，掌心应向后，指尖朝上，头部右转，右手中指应将耳廓按压，手掌扶按玉枕穴。目随右手动，在定势之后，目视左后方。

（2）身体向右转，展臂扩胸，目视右上方，动作稍停。

（3）在屈膝的同时，上体应左转，将右臂内收，含胸。左手应尽量沿着脊柱上推，目视右脚跟处，动作稍停。同（2）重复几遍。

（4）直膝，将身体转正，右手向上经过头顶上方，下摆指侧平举，两掌心应朝下，目视前下方。

左九鬼拔马刀势与右九鬼拔马刀势的动作、次数等相同，唯独方向是相反的。

9. 三盘落地势

左脚向左侧开步，两脚之间的距离略宽于肩部，脚尖应朝前，并目视前下方。

（1）在屈膝下蹲的同时，沉肩、坠肘，两脚掌应逐渐用力向下按，到达与环跳穴同样的高度，两肘应微屈，掌心朝下，指尖朝外。目视前下方的同时，口吐"嗨"音，当音吐尽的时候，舌尖应向前轻抵上下牙之间，从而终止吐音。

（2）翻掌心朝上，肘微屈，上托至侧平举，同时，缓缓起身直立，目视前方。

上述活动重复几遍，逐渐尝试微蹲、半蹲、全蹲。

10. 右青龙探爪势

（1）将左脚收回半步，大约与肩部同宽，两手握固，两臂屈肘内收到腰间，拳轮贴在章门穴，拳心朝上，目视前下方。再右拳变掌，右臂伸直，经下向右侧外展，略低于肩部，掌心朝上，目随着手动。

（2）右臂屈肘、屈腕，右掌变成"龙爪"，指尖朝左，经过下颏时，水平向身体左侧伸出，并且随着手动，目视右指所指方向。

（3）"右爪"变掌，身体随之前屈，掌心朝下按至左脚外侧，目视下方。躯干从左前屈转到右前屈。同时，带动右手经过左膝，划弧到右膝，手臂向外旋，掌心朝前，握固，目随手动视下方。

（4）上体抬起，直立，右拳随着上体抬起，并收于章门穴，拳心朝上，目视前下方。

左青龙探爪势与右青龙探爪势的动作相同，但是方向相反。

11.左卧虎扑食势

（1）右脚尖向内扣，左脚收至右脚内侧成丁步，同时，身体向左转，两手握固于腰间章门穴不变，目随转体视左前方。

（2）左脚往前迈一步，呈左弓步，两拳提至肩部云门穴，并且内旋变成"虎爪"，朝前扑按，如虎扑食，肘稍屈，目视前方。

（3）躯干从腰部到胸部逐节屈伸，随前后适度移动重心。与此同时，两手应随躯干屈身向下、向后、向上、向前绕环一周。随后，将上体下俯，两"爪"下按，十指着地，后腿屈膝，脚趾着地，前脚跟稍微抬起，随后塌腰、挺胸、抬头、瞪目。动作稍停，目视前上方位置。

（4）起身，将双手握固收在腰间章门穴，将身体的重心向后移，左脚尖内扣。将身体重心向左移动，同时，身体右转，右脚收于左脚内侧，呈丁步。

右卧虎扑食势与左卧虎扑食势的动作是相同的，唯独方向相反。

12.打躬势

（1）起身，将身体的重心向后方移动，身体随之转正。右脚尖向内扣，脚尖向前，收回左脚，成开立的姿势。与此同时，两手应随着身体左转逐渐放松，外旋，掌心朝前，向外展到侧平举后，两臂屈肘，两掌掩耳，十指应扶按枕部，之间相对，以两手食指弹拨中指击打枕部7次，目视前下方。

（2）身体前俯，从头经过颈椎、胸椎、腰椎，从上而下逐节缓慢伸直后成直立，同时，两掌掩耳，十指扶按枕部，之间相对，目视前下方。

重复以上两个动作几遍，并且逐渐加大身体前屈的幅度。

13.掉尾势

（1）起身直立后，两手迅速拨离双耳，手臂自然向前伸，十指交叉相握，掌心朝内。屈肘，翻掌前伸，掌心朝外，转掌心朝下内收在胸前。身体前屈塌腰、抬头，将两手交叉缓慢下按，目视前方。

（2）头向左后转，臂向左前扭动，目视尾闾。

（3）两手交叉不动，放松还原至体前屈。

（4）头向右后转的同时，臂向右前扭动，目视尾闾。

（5）两手应交叉不动，放松还原至体前屈。

将（2）至（5）重复几遍。

二、五禽戏的教学

（一）五禽戏概述

1. 五禽戏的起源及发展

在我国，五禽戏是一项比较重要的医学健身活动，至今都是我国民族传统体育养生项目中极具代表性的一部分。根据有关历史文献记载，一代名医华佗编创了五禽戏，通过对西晋的陈涛在《三国志·华佗传》中所记载的内容就可以充分证明华佗编创五禽戏确有其事，但是最原始的动作却无法进行考证。

南北朝时期，在名医陶弘景所著的《养性延命录》一书中找寻到了有关于五禽戏动作套路的文字描述内容。由于南北朝距离东汉末年的历史年代相对来说不太久远，所以，史学界产生了统一的认识，即《养性延命录》中涉及的描述五禽戏动作的文字，最为接近华佗创编的五禽戏，但是由于书中所记载的五禽戏难度较大，且比较复杂，所以不适宜广泛普及。在此之后，一些著作中都以图文的形式对五禽戏进行了介绍，并且比较详细地描述了五禽戏的练习方法。

经过千百年的传承，五禽戏在不同的时期呈现了不同的特色，但是从整体角度来看，无论人们怎样修改、调整五禽戏，以五禽动作为宗旨的理念进行动作编创是没有发生变化的。

通过练习五禽戏，并且结合自身的练功体验编创的"仿生式"导引法，主要将活动筋骨、疏通气血、防病治病、健身延年作为主要目的。此外，还涉及了重视意念，以健心、陶冶情操为目的。这两种目的就是外功型与内功型，具体的区别分为以下两个方面。

（1）外功型。外功型主要是模仿"五禽"的动作，偏向于肢体运动，意在健身强体，即通常所说的五禽戏。以刚为主，通过按摩、拍打等方式治疗多种疾病，甚至被用在了散手技击、自卫御敌等方面。

（2）内功型。内功型主要是模仿"五禽"的神态，将内气的运行作为主要，重在于锻炼意念。

2. 五禽戏的特点

（1）精致简练，循序渐进。如今，人们普遍所练习的五禽戏并非完全传统的五禽戏，而是基于传统的五禽戏进行了一定的改编与简化，从而方便人们进行练习。所以，经过了改编与简化的五禽戏呈现出简洁、平衡的特点，这样的练习也能更加灵活，不仅可以将五种动物的套路展开全套的、连贯的练习，同时也能够结合自身所需对某种动物的套路进行侧重练习。现代五禽戏的运动量相对来说比较适中，属于有氧训练，个人可以结合自身的实际情况灵活调节每式动作的运动幅度与强度，比较安全可靠。

整套功法呈现出了精之又精的特点，细化到了极点，为了便于人们更好地、更简单地进行练习。例如，"虎举"的手型变化，就可以细化成撑掌、曲指、拧拳三个过程，两臂的举起、下落又可以详细分为提、举、拉、按四个阶段，并且能够将内劲融合于动作的变化中。如此一来，练习者可以结合自身的体质条件、健康状况等进行循序渐进的提高。

（2）舒缓肢体，活动关节。五禽戏功法动作的完成，几乎需要全身所有的部位参与运动，不同的动物象形动作对于颈椎、胸椎、腰椎等多个部位起到了良好的锻炼效果，真正将对于身体躯干的全方位运动体现了出来。这一特点以腰为主轴和枢纽，带动上、下肢向各个方向的运动，从而大大增强脊柱的活动幅度，与增强健身效果的易筋经相比较而言，五禽戏更加注重手指、脚趾等小关节方面的运动，从而达到加强远端血液微循环的目的。同时，其功法能够使人们平时活动相对来说比较少的小肌肉群锻炼得到有效练习。通过融入当代学校体育教育中也充分证实了这些动作的独特作用，有关的指标呈现出比较明显的变化。

（3）内外引导，形松意充。五禽戏练习应该主要在轻松的环境下进行，并且在充分确保功法姿势正确的前提之下，不参与用力的肌肉应尽量保持良好的放松状态，做到舒适自然。只有肢体送沉自然，才能做到以意引气，气贯全身，以气养神，气血通畅，进而增强自身体质。

（4）动静结合，养练兼具。五禽戏主要是模仿五种动物的动作与姿势，想要获得良好的效果应尽量做到舒展肢体、活络筋骨，充分对身体各部位进行锻炼。在练习的过程中，每一戏结束后，应适当安排静功站桩的练习，这一做法的主要目的是诱导练习者进入相对稳定的状态，并且完成"五禽"意境的转换，从而调整气息、宁心安神，达到"外静内动"的良好功效。

五禽戏的练习主要是将肢体运动作为表象，此时，练习者的意识与神韵也应贯注于动作之中，思想达到相对的"入静"状态，这就是动中有静。同时，在进行静功站桩的时候，虽然形体处于安静的状态，但是应体会到体内气息的运行以及"五禽"意境的转换，即静中有动。动静结合、养练兼备，这两个阶段应该相互交替，从而进一步有效提高锻炼的实效性。

3.五禽戏的价值

（1）形体上对于身体的价值。通过千百年来的理论与实践可以看出，五禽戏对于人的身体健康十分有利，能有效改善机体各部分的功能，调和气血，畅通经络，活动筋骨，使关节灵活，从而达到强身健体的功效。五禽戏的动作涉及了前俯、后仰、侧屈、拧转等，总的来说，其主要作为主轴与纽带，从而带动上、下肢向各个方向运动，增大脊柱的活动幅度，进而增强健身的效果。此外，五禽戏对于人体的保健价值还体现在以下两个方面。

第一，五禽戏中躯干运动能够有效活跃身体的机能，改善身体血液的循环，调节内脏器官，并且对于脊柱疾病等有着良好的预防作用。

第二，五禽戏的四肢运动主要包括上肢运动与下肢运动，上肢运动的主要形式为伸展、收缩以及旋转。下肢运动的主要形式为伸展以及多种多样的保持身体平衡的动作。四肢运动实际上对于人体经络的疏通以及体质的增强等比较有利。

（2）呼吸上对于身体的价值。在练习五禽戏时应注意呼吸的方式，其与平时的呼吸有一定的不同之处，主要是"腹式逆呼吸"，这种呼吸方式能够有效增强腹肌、肠肌力等。在采用这种方式进行呼吸的过程中，肠肌的上升与下降能够在无形中按摩腹腔等器官。腹式逆呼吸还有助于增强呼吸功能、促进肺循环等，所以需要重视在练习五禽戏的过程中改变呼吸方式。此外，其他呼吸方面对于身体保健的价值还有以下两个方面。

第一，细、匀、深、长是五禽戏的呼吸方式，且呼吸的方法变化多样，既有缓慢的，也有稍快的。另外，两臂上举从而形成扩胸与展胸的姿势，能够大大减少对于心、肺的挤压，使肺功能充分得到发挥。

第二，呼吸的进行主要是依靠呼吸中枢的支配，一般来说不需要调节意识，五禽戏主要要求腹式呼吸运动形式，很多情况下结合了意识的调节。有意识的呼吸锻炼能够对人体的植物神经系统进行有效调节，植物神经系统主要可以调节人体内脏活动，可以说是调节内脏活动的主要神经结构。由此可见，五禽戏的呼吸有助于改善内脏器官的机能。

（3）意念上对于身体的价值。五禽戏的练习过程中应做到心神合一，所以需要特别强调在练习过程中具备意念的重要意义，要求练习者在练习的过程中应心无旁骛，高度保持注意力集中，气定神闲，使自身的思维到达一定的意境之中。同时，在潜意识驱动下将自己想象成为某种动物角色，并且将自身置于良好的大自然环境中。此外，从意念上对于身体的价值主要有以下两个方面。

第一，五禽戏锻炼中的意念能够引导人产生回归自然的感觉与体验，这种意境能够有效使人体各个器官功能得到改善与活跃，通过意念的张弛交替，能够锻炼、修养人的心神。

第二，五禽戏锻炼中的意念还存在着良好的引导作用，这种意念活动与一般的静功相比较存在着较大的不同，不是单纯将意放在特定的位置，而是结合形意结合的形式转回意守。动作到达哪里，那么意念就在哪里，促使气达到周身。

（二）练习五禽戏的要点

练习五禽戏的要点体现在形、气、意、神、平衡这五个层面上。

1. 形

功法动作的外在表现就是"形"，简单而言，就是在练习功法时的姿势，"形"是练习五禽戏的必要前提。

在练习五禽戏时，对于"形"方面的要求主要是含胸垂肩、头身正直、体态自然等。在练习的过程中，应结合每戏的动作名称含义做出相对应的动作或者造型，并且应注重动作规范，在模仿动物角色的过程中，应尽量做到栩栩如生。尤其是应准确把握动作的快慢、高低等，从而实现动作逼真、柔和的目标。

在学习五禽戏时，初学者应初步明确掌握正确的"形"，将模仿学习作为练习中的主要部分。初学者应必须了解动作的姿势变化，掌握动作的来龙去脉，一边模仿一边学习。之后，在练习过程中应注意把握动作细节，可以采用上、下肢分解练习的形式，再逐渐过渡到以腰为轴的完整动作练习中，最后进行完整功法练习，使动作更加符合规范。

对于一些患有慢性疾病的人群来说，五禽戏也有着比较高的锻炼价值，但是其在进行五禽戏练习的时候，对于"形"方面则需要结合自身的体质情况而定。主要原因是尽管五禽戏属于一种养生保健类的运动项目，但是每一个动作并不完全是简单的，也有诸多难度较高的动作。因此，患有身体疾病的人群在进行五禽戏练习的时候应注意合理把控难度较高的动作，重要原则是在锻炼之后能够感受到身心愉悦，肌肉略显酸胀，但是并未感觉太过于疲累。

2. 气

"气"主要是调节呼吸，在练习五禽戏的时候，练习者应在有意无意间注意调整呼吸，并不断体会、感受呼吸与动作相结合的方式。

五禽戏练习的过程中将呼吸与动作配合时，要应遵循起吸落呼、先吸后呼等规律，主要有自然呼吸、腹式呼吸等形式，可以结合姿势的变化巧妙选用。但是值得注意的是，任何呼吸形式都应尽可能保持松静自然的状态，不能刻意憋气。同时，呼吸应逐渐达到缓慢、细匀的程度，从而更加有利于身体健康。

在练习五禽戏的过程中，"气"应遵循循序渐进的应用方式，这是练好五禽戏的主要因素之一。尤其应值得注意的是，调整呼吸的时候要慢、深入，且循序渐进。练功的时候应由浅入深，逐渐进行掌握。只有如此，才能够打好一定的基础，并防止偏差的出现。通过一段时间的五禽戏练习之后，将有关的动作细化、精化，就需要关注动作与呼吸方面的融合，深入感知动作的内涵、意境。

3. 意

"意"主要是指意志与意念，人的思维能够在一定程度上左右其他身体器官功能。

　　五禽戏练习十分关注形、意的结合，应在练习的时候尽量排除不良的思想与情绪，从而创造良好的内在锻炼环境。开始练功的时候，练习者可以通过逐渐进入"五禽"的良好意境，对不同动物的动作展开模仿。

　　（1）在进行"虎戏"练习的过程中，应尽可能调整思维，想象自己是深山中的猛虎。

　　（2）在进行"鹿戏"练习的过程中，应调整思维，想象着自己是原野上的一只梅花鹿。

　　（3）在进行"鸟戏"练习的过程中，应调整思维，想象着自己是江边的一只仙鹤。

　　（4）在进行"熊戏"练习的过程中，应调整思维，想象着自己是山林中的黑熊。

　　（5）在进行"猿戏"练习的过程中，应调整思维，想象着自己是花果山中的灵猴。

　　只有在参与五禽戏练习的过程中做到意随形动，才能真正疏通经络、调畅气血。

4. 神

　　所谓"神"，包括神韵与神态，而养生之道注重"形神合一"，五禽戏练习的时候应做到"以神为主"。"戏"有着游戏、玩耍的意思，这也正体现出五禽戏与其他健身气功功法的不同之处。只有准确把握五禽的神态，才能够进入意境之中，展示出其神韵。

5. 平衡

　　（1）提膝平衡（以右腿提膝为例）。左腿直立站稳，上体正直。右腿在体前屈膝上提，小腿自然下垂，脚尖朝下。

　　（2）后举腿平衡（以右腿后举为例）。左腿蹬直站稳，右腿伸直，向体后举起，脚面绷直，脚尖朝下。

（三）五禽戏的基本动作

1.基本手型

（1）虎爪。张开五指，将虎口撑圆，第一、第二指关节弯曲内扣。

（2）熊掌。将拇指压在食指指端上面，其余四指并拢弯曲，虎口撑圆。

（3）猿钩。将五指指腹捏拢，屈腕。

（4）鹿角。拇指伸直外张，将食指与小指伸直，中指、无名指弯曲内扣。

（5）鸟翅。伸直五指，拇指、食指以及小指应向上翘，无名指、中指并拢朝下。

（6）握固。拇指抵掐无名指根节的内侧，其余四指应曲拢收于掌心。

2.基本步型

（1）弓步。将两腿前后分开一大步，横向之间应适当保持一定的宽度，右腿或者左腿应屈膝前弓，大腿斜向地面，膝与脚尖上下相对，脚尖应稍微向内扣。左腿或者右腿应自然伸直，脚跟蹬地，脚尖稍微向内扣。

（2）丁步。两脚左右分开，两腿屈膝下蹲，左脚或者右脚脚跟提起，脚尖着地，虚点地面，并置于右脚或者左脚的脚弓处，右脚或者左脚全脚掌着地踏实。

（3）虚步（右脚虚步）。向前方迈出右脚，脚跟着地，脚尖应向上翘，膝微屈，左腿应屈膝下蹲，全脚掌着地，脚尖应斜向前方，脚跟与臀部应上下相对应，身体的重心应落在左腿上。

第四节　搏击运动教学

散打有着技击防卫的特点以及健身防身的作用，在当代学校教育中越来越受到学生的青睐。

散打又可以称为"散手"，主要是两个人徒手面对面进行打斗，散打是一种武术表现形式，属于一种搏击类运动，主要以踢、打、摔、拿作为主要的进攻方式。从散打运动被融入学校教育以来，就成为许多学生热衷参与的一项体育运动项目。

一、基本姿势

散打的基本姿势又被称为"起势"或者"格斗式"，主要是指在实战之前的一种准备姿势。在进行散打练习的过程中，基本的姿势是否科学、合理，直接对进攻与防守、防守反击与步法的灵活性产生比较重要的影响。散打的基本姿势主要有四个部分，分为下肢姿势、躯干姿势、上肢姿势与头部姿势。左脚在前的就是左势，右脚在前的就是右势，以左势为例具体如下。

下肢姿势：双脚前后开立，距离略宽于肩部，左脚尖稍微内扣，并斜向前方，脚前掌应用力支撑，前脚掌着地并斜向前方，两膝微屈，右膝稍微向内扣，下肢肌肉适当保持一定的紧张度，不能过于僵硬，防止出现过度紧张的问题。

躯干姿势：头颈部应正对着前方，含胸、收腹、收臀，将肩部放松，气沉于丹田，将身体的中心落在两脚之间。

上肢姿势：左手握拳抬起，拳的高度应与左肩持平，左肘下沉，拳心应斜向下，右拳轻握置于下颏右侧，右肘轻轻贴着身体。

头部姿势：下颏内收，眼睛应注视对手的面部，并且用余光兼顾掌握对手的全身活动情况，将牙齿合拢，采用口、鼻协同的方式呼吸。

二、拳法

作为散打的基本动作技术之一，拳法有着速度快、变化灵活等多种特点，主要用于对对手的头、颈、腹等部位攻击。

（一）冲拳

冲拳又被称为直拳，可以看作一种直线进攻的拳法，路线相对来说比较短。直拳在散打拳法中是比较优秀的一种形式，能够直接对对手造成攻击，或者是在其他技法的掩护之下出击等。

（二）掼拳

掼拳又被称为"摆拳"，是一种从两侧对对手造成攻击的拳法，掼拳属于弧线进攻拳法，有着较大的进攻力量，并且攻击得较远。能直接攻击对手的面部，同时也能在直拳或者其他技法的掩护之下造成进攻，还能在退步、乱战等情况下发拳。

（三）抄拳

抄拳又被称为勾拳，击打的力量比较大，在散打运动中，抄拳能够通过近战的形式直接对对手造成攻击，有着比较大的威胁，主要用在了击打对手的腹部、面部等部位。抄拳能够通过配合摆拳、蹬腿等动作出击，还可以提防对手进行施摔，也能在虚摔的掩护之下进行出击。

三、步法

（一）滑步

滑步在散打运动中是被运动员广泛使用的一种步法，滑步分前、后、左、右四个方向，其主要运用的原则是想要向哪个方向移动，则需要先移动哪个方向的脚，另一只脚应随即跟进，先动脚移动多少距离，后动脚则需要作出相应的跟进。在进行滑步的过程中，应注意后动脚跟进要迅速，并且应做到身体重心平稳，避免上下起伏。

（二）垫步

在散打运动中，垫步的使用也十分广泛。垫步主要分向前、向后，应用的原则正好与滑步是相反的，想要向哪个方向移动，则需要先动相反的那只脚，而另一只脚应迅速跟进，并保持基本的姿势不变。

（三）环绕步

环绕步在散打运动中也是一种比较基本的步法，技术要求主要是从最基本的姿势开始，右脚前脚掌蹬地，左脚同时借右脚蹬地的力量，向左滑动一小步，右脚随即向左滑动一大步，保持基本的姿势不变，右脚向左滑动的时候不能超过左脚。

（四）弹跳步

散打运动员常使用的步伐之一就是弹跳步，基本要领为双脚前脚掌发力弹离地面，保持基本的姿势向任何方向跳动，双脚可以同时落地，也可以稍前后落地。弹跳步应轻快，注意不能跳得过高。

散打运动中，步伐是否正确通常是影响散打技术应用的关键因素。实战中，双方之间的距离不断产生变化，并且需要在移动的过程中完成连续攻击对手以及躲避对手攻击的有关动作，这都与脚步的灵活移动密不可分。由此可见，练习者在学习散打技术的动作时，步伐有着先导作用，经常练习步伐才能使其更加熟练的应用技术。

四、腿法

腿法在散打技术中有着比较强大的攻击力，是一种基本的技术，腿的攻击幅度相对来说比较大，且动作猛、力度大、攻击力强，通常应用在中、远距离的搏击中，主要是用来对对手的头部、躯干等部位进行击打。

（一）蹬腿

蹬腿主要是用较低部位直线向前蹬出，动作应与直拳保持大致相同。这种技术在实战中有着较大的杀伤力，所以经常被运用。蹬腿低能够击打腿部，高可以蹬至面部，且能向四面八方蹬。

（二）踹腿

散打比赛活动中，运动员使用踹腿的次数相对来说比较多，这项技术有助于调整步法，所以，使用踹腿的变化比较多，并且呈直线运动形式，其特点是速度快、力量大等，可以在不同距离的搏击运动中使用。

（三）鞭腿

鞭腿又被称为"边腿"，主要是指从旁边对对手造成攻击的一种技术。鞭腿在进攻的时候膝关节提起，脚出收形成一股弹射力量，所以又称为"侧弹腿"。散打实战活动中，鞭腿凭借出腿速度、进攻力量等特点，深受散手与搏击手的青睐。

五、膝击法

膝击法也是一种极具进攻力的技术，有着较好的隐蔽性，经常被用于近距离拳、肘乱战中，能够使对手防不胜防，膝击法主要分为顶膝、冲膝、侧顶膝等几种类型。

六、肘击法

肘击法是一种颇具攻击力的基本技术，在散打运动中比较常用。肘击法分为顶肘、盘肘，具有一定的重要性与威慑力。

第六章　民族体育融入学校体育训练及教学实施

民族体育融入当代学校体育训练是有多重选择的，其比较符合学校体育教学的特色，并且蕴含着十分浓郁的自身民族特色。科学化的管理是确保当代学校民族体育训练效果提高的重要前提，本章将以此为基础进行了研究分析。

第一节　民族体育融入学校体育训练的组织管理

一、民族体育融入学校体育训练的目标

不同的体育运动项目有着不同的训练目标，从民族体育训练的视角上来看，应结合学校的客观实际条件明确制订相对应的体育训练目标，具体应做到以下四点。

（一）可行性

如果将训练目标制订得过高，那么就容易对学生积极训练的主动性造成打击，如果将训练目标制订得过低，那么就无法全面激发学生主动训练的热情。对此，教师在制订训练目标与训练计划的时候，应重视加强分析，从而制订科学可行的训练目标。只有明确了体育运动训练的具

体任务以及方向，那么训练的目标才能够完成。

（二）具体性

人都存在着一定的思想惰性，只有在每次运动的过程中明确具体的训练任务与要求，才能保证最终实现目标，这就需要将计划具体至每一次的体育训练活动中。

（三）定量性

定量主要是指借助具体的量化指标达到实际规定的训练目标，有关的心理实验证明，把目标定于成功与失败之间能够有效激发人的积极性。如此一来，就能够活跃成功与失败两种心理，从而增强运动的热情。

（四）反馈性

教师在制订了体育训练的目标后，可能会在后续的实施过程中出现多种问题，那么则需要教师通过反馈信息不断分析、调整训练的计划，从而使体育训练体系更加科学、合理，最终实现良好的民族体育融入当代学校体育训练的目标。

二、民族体育融入学校体育训练的实时监控

实时监控运动训练可以在较大程度上增强运动训练的实效性，具体而言，对民族体育融入学校体育训练的实时监控内容为以下几个方面。

（一）周课的训练安排

1.周训练的课次

各种类型的民族体育项目周训练课次安排，直接将一个运动队的训

练指导思想与练习重点反映了出来。

2. 周技战术训练

民族体育在运动技战术方面，以及体能方面有着比较高的要求，所以有必要对其进行实时监控。

3. 周负荷密度

负荷密度主要是指在特定的时间内所承受的工作频率，周训练的计划中，负荷的密度对小周期的运动训练效果产生着比较直接的影响，包括了阶段性训练的积累效果。

4. 体育训练课的结构

课是一个组成训练活动的"单元"，周训练的最终效果是将每一节训练课进行叠加与整合。

（二）课中练习时应实时监控

1. 课中主要技战术练习的实时监控

应实时监控课中练习者的主要运动技战术练习情况，并将监控的最终结果及时作出反馈与总结，这样才能实现教师及管理人员对课中训练过程的最佳把控。

2. 课中体能训练的实时监控

教师应对练习者的体能训练进行全程监控，从而制订并实施更加有效、科学的体能训练计划，对于体能训练的最终效果评价应主要采取专项素质测试等方式进行。

三、民族体育融入学校体育训练的经费

当代学校体育运动训练的经费包括诸多内容，以运动器材经费管理以及运动竞赛经费管理两个方面为主。

（一）运动器材经费的管理

运动器材的种类比较多，大型的固定资产以及小型的消耗品是比较常见的，通常来说，大型的器材不会经常性购买，只有小型的消耗品需要经常添置。

当代学校应加强对民族体育运动训练经费方面的管理，处理好体育运动训练器材的具体使用情况，降低运动训练器材的成本，从而发挥出运动训练器材经费的作用。当代学校对于体育器材的经费管理方面通常从以下几点着手。

1. 科学制定采购器材的预算

将每年体育器材的消耗费用以及第二年增减的项目器材费用等作为重要依据，从而做出年度采购的预算。一般而言，每年的运动训练器材消耗费用都是比较固定的，这笔费用通常是每年采购预算的必列部分。第二年增减项目的器材费用一般对应着改革的需求，以及特殊情况的处理对于器材购置做出调整而准备。机动费用可以看作"灵活费用"，因为每年的经费都会有着一定的增加，机动费用起到以备不时之需的作用。

2. 不断加强采购行为的规范

对于大多数的学校来说，每年的运动训练器材采购花费是一笔不小的开支，采购的质量以及渠道决定了体育经费是否能够充分发挥应有的作用。所以，学校应尽可能杜绝经济交往中的不良行为，并且争取购买

到物美价廉的体育器材，增强体育器材采购的透明度，以更加规范的行为提高学校体育器材的采购质量。

3.较少耗费增加效果

为了全面将采购运动训练器材的经费降低，学校应注重体现运动训练器材的意义，并尽可能降低其损耗。但是，结合实际情况来看，只要在参与体育运动的过程中使用器材，就会出现不同程度上的损耗，这就需要学校加大这方面的管理力度，并建立完善的体育器材管理制度，做好相应的器材管理工作，尽量减少不必要的损失。同时，学校还应尽可能减少采购运动器材的开支。

（二）运动竞赛经费的管理

运动竞赛的费用可以执行专款专用方式，并且可以仔细划分有关的经费，这些竞赛通常与学校运动队伍的荣誉有着较大的关联及影响，所以应重视加强此方面的管理，具体而言，学校运动竞赛的经费涉及以下两部分内容。

1.训练竞赛的器材费用

开展训练竞赛需要专门配备相关的运动训练器材，并且与实战的要求相接近，可以高于实战的规格，但不能低于实战规格。追究原因，主要是因为运动训练器材的质量直接影响了最终的比赛结果。

2.运动竞赛的奖励

运动员通过参与运动竞赛取得良好的成绩，可以得到一些奖励，而奖励能够大大鼓舞运动员的士气，并且更加有助于推动专业人才的引进。

学校可以结合比赛的级别及比赛的名次进行奖励，参与不同级别的比赛，或者获得不同的名次，所获得的奖励也各不相同。除此之外，通过奖励能够推动运动队伍的可持续发展，是一项比较重要的举措。

四、民族体育融入学校体育训练的场地与设施

（一）设计训练场地与设施的要求

总的来说，对设计训练的场地以及设施要求进行分析可以看出，主要包括三个方面。

（1）训练的场馆与设施建设应以运动员为主，并且坚持"健康第一"的重要理念，将推动运动训练的高效开展作为主要目标。运动的场馆与设施设计中需要重点发展运动员的综合身体素养以及综合能力，并且运动场馆与设施的管理还需要做到服务于社会，从而为全民健身活动的开展服务。

（2）虽然许多体育运动项目的场地与设施比较标准化，但是学校需要结合运动训练的综合需求进行具体场地与设施的设计，使有关的运动场地与设施能够更好地满足运动员发展。

（3）在设计运动场地与设施的过程中应做到因地制宜，更好地确保运动场地、设施的建设能够实现与当代社会的相统一。学校在开展体育运动训练活动的过程中，应适当开发空地，结合精心设计，巧妙布置有关的运动场地、设施。

（二）体育训练场地资源的配置需求

在建设体育运动场地方面应将运动员的总数以及运动项目等多种因素作为主要参考的依据，在此基础上科学对训练场地的数量与大小进行配置。除此之外，训练场地的建设应将经济实用作为关键，将使用在训练场地建设的经费效用最大化，尽可能满足运动员的多种实际需求。通常来说，运动训练的场地资源分为基本配备类、发展配备类。

第二节　民族体育融入学校体育训练的操作实践

一、体育训练队伍的建设与项目设置

（一）体育训练队伍的建设

体育训练队伍的建设重点在于建设队伍的主要目标、定位，在实际操作过程中，为了高效完成各项体育比赛，或者是结合学生自身发展的需求等，一般从多个方面出发对人才进行选拔。同时，在日常的训练活动中，通常容易出现过于关注其运动成绩的现象，如此一来，不仅比较容易出现无法达到预期目标的情况，同时还会使一部分学生逐渐丧失学习文化知识的自信心，从而导致许多情况下，学校、教师无法充分获得学生、家长的理解。

文化课程学习成绩优异的学生拥有优先资格准入机制是一种有效的组队原则，文化课程拥有优先资格准入的机制主要是各个学科的分数达到及格标准的学生，才能被授予参加体育训练的资格。与此同时，学校还应结合体育比赛的任务或者学生的实际需求等多种因素，确定体育水平较强的学生，并灵活调整体育训练队伍建设的原则。

（二）体育训练项目的设置

体育训练项目设置中易受到各种因素的影响与限制，学校可以通过对自身的客观条件加以分析，从而做出相应的调节与安排，具体而言，民族体育教学项目的设置容易受到以下三个方面的影响。

1.区域因素

我国幅员辽阔，有着丰富多样的民族体育项目，这些体育项目训练有着良好的发展条件。所以，不同地域的学校应结合实际情况重视发展优势运动项目，还应尽可能避免在设置项目的过程中出现单一化的问题。如此，不仅能够很好地促进学校体育训练项目的设置，还能够在极大程度上提升学校运动竞技水平。

2.经济因素

经济发展水平直接对教育事业产生影响，更是学校体育训练项目设置的关键因素，在社会经济的不断发展下，学校教育体制发生了多次变化，并且随着学校扩招计划的实行，体育训练项目的设置方面发生了巨大转变。

3.环境因素

体育运动有着比较强的竞争性，只有具备较高水平的运动队伍才能够被社会承认、接纳。所以在设置体育运动项目方面，学校应根据自身的环境因素以及具有优势的运动项目，重点培养高水平的体育运动队伍，为推动民族体育发展作出贡献。

综上所述，当代学校民族体育项目设置方面应结合以上三点因素进行。

二、体育训练的组织形式

一般来说，我们国家运动训练的组织形式包括以下三种类型。

（1）由政府主导的体育训练组织，分别是政府体育或者教育行政部门投资、管理，同时可以划分成初级组织形式以及中级组织形式。其中，初级组织形式主要涉及基层代表队、学校体育班等，中级组织形式主要涉及体育运动学校、体育中学等。

（2）除了体育部门或者教育部门外，社会组织、集体、个人所举办的训练组织，其中主要包括公助民办训练中心、社区街道系列俱乐部等。

（3）体教结合运动队主要就是将体工队与青少年运动队等转移至普通学校中，这些组织与教育部门单独举办的训练组织之间所存在的差别实际上比较大。

从当代学校的角度来说，应结合学校自身的具体情况选择适合的训练组织形式。

三、制订、实施训练计划

（一）制订训练计划

1.制订训练计划的主要依据

从民族体育的视角上来说，训练计划的制订有着比较多的依据。其中，比较关键的依据有：①将现实作为依据，并对形式的分析估计；②将需要作为依据，领导下达的训练任务；③将可能作为依据，对象、场地及器材等分析研究。除此之外，在制订具体计划的时候还应充分结合运动能力的构成以及运动员自身能力的构成等因素进行分析，并考虑其实际影响。

2.制订训练计划的基本要求

民族体育训练计划的制订应确保一定的实效性与可行性，具体可以分为以下三点。

（1）坚决执行，灵活掌握。一旦制订了计划就应坚决执行，不能随意改动，否则难以取得良好的效果。但是因为多种因素的影响，所制订的训练计划无法完全符合实际情况。因此，训练计划需要接受实践活动的检验，所以制订好的计划通常需要适当进行一定的改动，这就需要巧妙结合执行计划与灵活掌握，进而高效完成训练任务。

（2）一般要求与个别要求融合。大多数的运动者能够通过自身的不懈努力，在克服重重困难之后，可以达到的就是一般要求。个别对待就是需要将具体的情况作为重要依据，确保每一位运动者都能够不断发挥自身的潜能，高效完成训练任务。

（3）狠抓周计划，安排日计划。结合有关的实践研究可以看出，周计划的落实可以确保实现阶段性的任务，运动者应做好周训练小节，通过一周的训练初步了解教师的教法以及掌握有关的技术。一些运动者能够提前完成日计划，而一些运动者则不能完成，那么可以对此进行灵活掌握，在周计划之内作出适当的调整。

（二）实施训练计划

通常来说，训练的计划可以细分为多年训练计划、年度训练计划、阶段训练计划、周训练计划与课时训练计划，以上计划的实际内容与制订方式如下。

1. 多年训练计划

多年训练计划可以说是一种长久目标的设想，主要是对运动者在一定的周期之后所能达到的训练水平进行一定预测。每年大体通过步骤的阶段进行合理划分，再将选题作为重要依据，通过结合主、客观的条件，安排训练的总体目标。

2. 年度训练计划

（1）年度训练计划的周期划分。年度训练计划通常将比赛的任务作为重要依据，将其分成若干个周期。其中，体育训练一般以一年作为一个周期，有两次比赛任务也可以分成两个周期。通常，每一个周期包括准备期、训练期、比赛期以及恢复期，每一个时期的任务与内容之间都存在着一定差异。

（2）年度训练计划的内容分析。

第一，目的：立足于思想作风、技术及身体素质等方面，提出总的目标及不同时期的具体要求，包括思想教育、意志品质教育等。

第二，指标：涉及了身体训练、技术训练，这两项指标需要逐一落实。

第三，情况：综合分析身体状况、体质水平、技术能力等，还应研究、分析过去一年或者上一年度的成绩以及问题等。

第四，措施：年度训练计划的措施主要包括训练措施、安全措施等方面，这是完成训练计划的根本保障。

第五，训练内容：包括技术、素质等基本内容，并合理安排训练的时数、测验时间等。

第六，比例及安排：所指的是各种练习项目之间、素质以及技术之间的比例，安排训练次数、时间等。

3.阶段训练计划

通常来说，阶段训练涉及了各阶段的时间、任务，规定动作以及自选动作的安排，身体训练以及技术训练的比例等。

4.周训练计划

周训练计划主要依据阶段训练计划而确定，可以将此部分看作训练计划的基本单元，周训练计划涉及每一周的具体训练任务、时间安排、内容安排等。

5.课时训练计划

课时训练计划主要依据周训练计划任务而制订，可以说是课程的教案。完成具体的训练任务需要通过每次训练课的积累，每次完成训练课任务的效果对于年度训练计划的完成起到了决定性作用。值得注意的是，基于周计划的基本原则，可以适当对课时计划加以调整。

四、训练恢复的方式

运动员为了最终取得良好训练效果，应重视在训练之后及时采取适当的方式恢复。现代化的运动训练中越发重视负荷以及恢复的协同效应，需要在计划负荷的同时就充分考虑到恢复的问题。如果运动员未能在训练之后得到及时恢复，那么不仅容易对训练的质量产生消极影响，甚至容易对运动员的身体健康产生不利影响，常用的训练恢复方式如下。

（一）生理学恢复方式

生理学恢复方式主要是在竞技训练的次或组间歇积极进行休息，运动员可以对运动的肌肉进行牵拉，并且对比较容易产生疲劳的腹肌、腰等进行牵拉，从而帮助运动员缓解肌肉酸痛。

（二）训练学恢复方式

借助减量训练主要是在运动之后进行小负荷、中等负荷的训练，从而确保运动训练的效果，并能够进行比较积极的休息。此外，运动者还可以在训练的过程中采用循环练习多项内容的形式，活动不完全相同的肌群，并获得休息与即刻恢复。

五、评价训练的效益

（一）训练效益的含义

人们的思维方式随着时代的变化而变化，已经逐渐从市场经济的视角上分析运动训练的效益。

通常来说，人们认为运动训练效益主要是指对于运动训练的投入总量以及产出总量的比值，结合产出的目的合理划分，而运动训练效益可以分成竞技效益以及经济效益两种类型。竞技效益指的是人、财、物的投入量与竞技运动人才、竞技运动水平的产出量之比，并且借此取得一定的社会价值。经济效益指的则是人、财、物的投入量通过竞技体育活动形式而得到的现实回报之比。虽然运动训练的效益呈现出两种形式，但是立足于"投入""产出"之间相联系的视角看，单位时间内的"投放"可以使得两种效益同时产生。

由此我们可以看出，运动训练效益的评价中不仅应该明确"投入"的指标体系，同时还应明确"产出"的指标体系，假如想要实现一定的目的，还应对某方面的效益进行重点研究。

（二）训练效益的评价指标

1."投放"与"产出"指标不同质的问题

在对运动训练竞技效益进行衡量的过程中，经常运用效益分析的方式。通过加以认真分析不难看出，竞技效益的评价与物质生产部门的效益评价有着比较明显的区别。通常，物质生产部门效益评价能够以比较明显、清晰的指标体系表达，"投入量"以及"生产量"是可比的。而在运动训练活动中，由人、财、物构成了"投入"的指标体系，主要作用结果是通过运动训练的方式培养优秀的运动者，并且在各类比赛中能够涌现出优秀的运动者。

2.同类指标间量的转换问题

在对竞技效益进行评价的过程中，可以将"投入""产出"作为基础。在针对同类指标间量的转换问题进行研究、讨论之前，应先针对

"投入""产出"的指标体系进行研究与讨论。结合人、财、物三个角度进行思考，运动训练投入的指标体系图6-1所示。

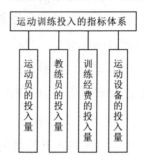

图6-1 运动训练投入的指标体系

3."投入"与"产出"的滞后问题

从实际情况来看，运动训练的"投入"与"产出"之间没有直接的关系，其呈现出滞后性的特点与问题。

培养运动员是一个比较系统化的过程，运动员的实际水平在持续"投入"的基础之上，才能够不断得到提高。因此，在考量实际训练效益的时候，应将一段时期内的"投入"与"产出"量的比值作为重要依据，从而判断竞技效益。这样一来，不仅充分考虑了"投入"的滞后性问题，还可以获得比较客观的效益评价。

第三节　建立体育训练基地

一、建立国家级与省级民族体育训练基地概况

（一）建立国家级与省级民族体育训练基地的可行性

从我国民族体育发展的实际情况来看，建立国家级与省级民族体育

训练基地有着较好的可行性，具体如下。

1.政策支持

国家级与省级民族体育训练基地的建立比较符合政府出台的有关政策，表现出了比较明显的可操作性。但从体育体制创新以及民族文化创新发展的视角上来看，无论何种新的机制建立，都离不开具体政策支持系统的构建。

2.经费保障

建立民族体育训练基地需要一定的经费保障，通过多种渠道维持地基的日常运转，采取多方融资的形式强化基地建设。此外，还应积极对各种经费的来源进行拓展，从而不断促进民族体育产业化的壮大，培育民族体育"造血"机能。

由此可以看出，在建立国家级与省级的民族体育训练基地方面拥有比较稳定的经济保障。

3.人力资源

建立民族体育训练基地需要充足的人力资源作为支持，从目前的情况来看，虽然我国拥有的民族体育专业人才数量较多，但是其专业性仍然远远不够。

在建立民族体育训练基地时，应将弘扬民族体育人文精神作为依托，从而促进人才发展，形成以制度创新为动力的体育人才资源发展战略。与此同时，建立民族体育训练基地应实施人力资源引进、管理等政策，并且结合实际情况不断加以优化、调整。通过打造合理、科学的人力资源结构，不断提升专业人员的业务素质以及技能水平，以此为基础，建立国家级与省级民族体育训练基地才能真正落实。

（二）国家级与省级民族体育训练基地建设的意义

1. 推广与弘扬民族体育项目

民族体育主要产生于比较封闭的自然环境与经济环境中，并长期在这种环境中发展，所以在一定程度上阻碍了民族体育与外部的互通，对民族体育发展造成了制约。

结合民族学、体育学的视角分析可见，民族体育有着比较特殊的意义，其是一种社会文化生活的浓缩，在一定程度上反映了各个民族的发展特点以及发展轨迹等。基于这种背景，我们需要以更加积极的态度以及科学的方式研究、整理民族体育内容，从而为民族体育的推广、弘扬等提供科学依据，并且为民族体育有关的理论研究、技术方式等创造良好发展环境。由此可见，国家级与省级民族体育训练基地的建立有助于加深对民族体育的挖掘、整合，使其更加规范化。

2. 促进民族体育经济水平的提高

长久以来，国家对于民族体育方面尤为关注、重视，自改革开放以后，我们国家的民族体育得到了前所未有的发展。在民族体育发展的同时也暴露出了诸多的问题，其中包括了民族体育活动过程中出现忽冷忽热的情况，在较大程度上限制了民族体育的良好发展。随着国家级与省级民族体育训练基地的建设，民族体育的推广、发展、弘扬等有了更好的保障，同时也为民族体育专业化人才的成长，以及民族体育竞技水平的增强创造了较为良好的条件。

3. 建设民族地区的文明精神

民族体育文化形式具有综合性特点，主要包含了人们的审美观念、道德观念、价值观念以及其他的行为模式。民族体育主要将娱乐作为关键，还融合了现代体育中的竞争性元素，这也进一步使得民族体育社会基础更加稳固。民族体育可以将群体的行为与思想相统一，有助于群体之间保持良好的团结凝聚力。

在多元化的民族文化形式中，民族体育有着独特的强健身心功能、感染功能等，且这些都是其他文化形式无法企及的。建立国家级与省级民族体育训练基地可以为民族地区的精神文明发展打造广阔的舞台，在提升人们精神生活以及强化民族精神方面有着良好意义。

4.发展民族地区经济的建设

自改革开放以来，我国过往的民族体育消费模式逐渐有所转变，尤其是近年来，诸多少数民族积极探索体育产业化，通过与旅游部门建立合作关系，开展民族体育活动，不仅取得了良好效益，甚至成为开发体育产业的一种新模式。

建立国家级与省级民族体育训练基地可以在潜移默化中开发、推广具有良好健身价值以及娱乐价值的民族体育项目，从而为推动区域经济发展作出贡献。与此同时，还能强化民族体育自身的良好发展，且基地本身能对民族体育进行推广。

二、学校民族体育训练基地的基本思路

（一）借助学校现代化科技改造民族体育器材

高脚竞速与板鞋竞速在民族体育中是比较具有观赏性的两个项目，也是比较难以开展的两个项目。在民族体育教学与训练活动中，高脚竞速与板鞋竞速容易使学生受伤，从而引发学生的畏惧心理，不利于项目活动的高效开展。

因此，应将学校人才优势以及条件优势等充分发挥出来，学校有着一定的设备、场地等优势，能够科学对民族体育器材进行改造，充分将

现代化科学技术与经济相结合，共同推动民族体育训练中有关器材的高科技化，强化训练质量。

（二）民族体育的各项规则合理化、科学化

经过长期的发展，民族体育形成了比较鲜明的民族特色，民族传统体育的竞技化特点，对于其快速发展起到了良好的推动作用，加强了我们国家各个民族之间的交流，且积极推动了民族文化的弘扬。在民族体育发展的过程中也吸取了现代体育的宝贵经验，但是由于民族体育系统的研究起步较晚，相对来说比较缺乏成熟的理论支撑，民族体育项目规则的制定也在不断进行完善与探索。学校民族体育训练基地需要组织科研团队，借助学术方面的优势积极进行调研，从而不断完善民族体育的规则，促使民族体育的各种规则更加合理化、科学化，为运动员提供更加公平、公正的比赛条件，使其取得更好的成绩。

（三）公体课计划中纳入民族体育项目

在公体课计划中融入民族体育项目，借助体育课、课外活动等机会积极开展民族体育项目，帮助学生主动参与到民族体育活动中。强化改造、发展民族体育项目，采用扬弃的方式选择民族体育项目，并且适当对体育项目进行创新、改革，从而满足当前时代的发展需求。开设专门的民族体育俱乐部，并组织有关的活动。在学校内大力普及民族体育活动，将民族体育项目与学生的社会实践活动相结合，并且在学校组织的运动会上适当增设民族体育项目，以教学与比赛融合的方式，有效提高当代学生的体育认知以及竞技水平。

（四）重视加强民族体育科研

在学校民族体育训练基地建立方面应加大投入力度，成立专门的民族体育科研小组，重视加强挖掘、整合等工作的开展，并且在原有基础

之上进行理论创新，进一步构建完善的技术与理论体系。除此之外，应着重发挥学校科研队伍的作用，以科学的理论思想，以及先进的技术，与民族体育项目的特点结合并不断进行改进，使其能够发扬光大，并且推动民族体育成为学校体育中的一部分。

（五）强化民族体育的宣传与交流

在学校民族体育训练基地的建立过程中，应重视做好学校民族体育的宣传以及对外交流工作，并重视民族体育项目协会的健全，办好民族体育培训班或俱乐部，进而激发学生对民族体育的兴趣，强化其水平，以期扩大影响。与此同时，充分借助相关会议、公众节庆日等机会，加强对外交流，积极组织多种多样的表演活动，对民族体育进行推广、宣传，将绚丽的民族体育文化展示出来。

第四节　民族体育融入学校体育训练的案例

本节主要结合全国比较有代表性的地区，分析我们国家当前学校民族体育训练的实际情况。

一、民族体育融入山东省学校体育训练的案例

在我国山东省，大多数学校开展了武术这项民族体育运动，具体情况如下。

（一）山东省学校武术训练的现状

目前，武术训练在我国山东省得到了迅速发展，不仅培养出大量优秀的武术人才，还逐步研究出了一套针对武术人才培养的多层面、多角度的机制。

基于这种社会背景，学校体育课程也在逐渐深入发展，武术运动逐渐被融入当代学校教育中，这种传统的民族体育项目得到广大学生的喜爱、认可。但是结合实际情况来看，参加武术锻炼的学生人数比较有限，通过有关的调查还发现，目前山东省学校在武术训练中存在着一些问题，具体为以下几点。

1. 各地市学校武术训练发展不够均衡

当代学校武术训练的发展、普及在一定程度上受到了武术专业队训练发展的影响，体现出各地市武术训练发展的规模、水平等不够均衡的问题。在一些武术强市，学校武术训练的发展比较好，但是在一些武术专业队水平较弱的市，学校武术训练的发展以及普及程度相对来说较低。

2. 城市与农村发展学校武术训练不够均衡

目前，山东省的发展十分迅速，但是农村与城市各方面的条件还存在着较大的差距。受到多方面因素的影响，山东省城市与农村发展武术训练存在着不均衡的情况。

3. 家长、学生与教师对于武术训练的认知存在偏差

在我国传统体育项目中，武术是其中比较关键的一部分，不仅蕴含了丰富、多元的文化思想，还有着多种多样的功能，包括健身、养生等。目前，我国民族传统文化正在逐渐朝着国际化发展，弘扬传统武术是每一位中华儿女的责任。

显然，由于受到媒体的误导以及诸多因素的影响，许多家长、学生、教师对于传统武术有着一定的认知偏差。一些家长错误的认为练习武术就是为了打架；一些学生认为练习武术比较累，不能持之以恒地练习、学习；一些教师认为武术训练占据了学生文化课的学习时间，容易

耽误学生的学业，从而影响了传统武术的发展。

4. 学校武术训练组织不够合理

目前，我国学校武术训练并未形成科学的参考标准，大多数情况下都是由组织者在自身的摸索中开展的。这种现状导致了学校武术训练内容缺乏必要的标准。

结合实际调查可以发现，目前山东省学校武术训练的内容、时间等基本上都是在教师个人主观意识的指导下进行的，实际训练的内容比较枯燥。

（二）山东省学校武术训练的对策

结合目前山东省学校武术训练的实际开展现状，应采取有效的措施与对策，具体如下。

1. 制定完整的学校武术训练体系

武术是中华传统文化的重要组成部分，有着独特的风格内涵以及内在精神，得到了越来越多的人的认同、关注、接受。虽然我国传统武术在当前阶段取得了良好的发展，但是相较于跆拳道的发展，还需要制定完整的训练体系，主要从以下四方面考虑。

（1）练习评判的标准应做到简便，并且体现出良好的操作性，从而适应当代学校武术练习的评级标准，激发学生参与武术训练的主动性，强化其素养。

（2）对学校武术训练体系加以完善，并且建立武术训练的统一标准，从而体现出学校武术训练的特点。

（3）结合体育课程改革的实际要求及学生现实需求对武术训练进行改造，增强武术的观赏性，提高群众基础，凸显出学校武术训练的特点，引导学生树立正确的体育观念。

（4）结合多种形式强化学校武术训练的推广、宣传，使家长、学生与教师对武术训练形成正确认识。

2. 创新学校武术训练的内容

自学校体育课程重新纳入武术以来，就逐渐形成了将基本功、对练套路作为主要内容部分的训练体系，这种训练体系能够充分将现代武术运动的特点与规律体现出来，对于推广武术、传播文化等方面起到了积极的作用。但是，随着如今社会的快速发展，这种体系呈现出诸多弊端，无法满足学校武术训练的需求。

学校武术训练主要是以发展学生武术兴趣，增强学生身体素质为目的所进行的基础训练，主要内容包括身体的训练、技术的训练、心理的训练等。

3. 优化学校武术训练的方式

音乐能陶冶人的情操、丰富人的思维等，并且音乐能够通过大脑神经系统对人的整个有机体产生影响，悦耳动听的音乐能够帮助人们缓解紧张的精神。

如今，许多的武术比赛中融合了音乐元素，将武术与音乐相配合，从而完成成套的运动演练是一种新的发展形势。学校武术教学比较复杂，且有着一定的难度，一般都是由单个的动作组成武术套路，整个套路的动作有着方向、路线等变化，通常比一般体育项目的动作更加难以掌握。正是由于武术训练的这一特殊性质，可以通过打造音乐环境，将学生练习武术的积极性更好地激发。鉴于此，学校在开展武术训练的同时可以将音乐作为背景，从而提高学生参与武术训练的兴奋感，并且有效缓解学生运动的疲劳感，改变枯燥的训练环境。

武术训练活动的特点是有着比较强的攻击性，每一个武术动作都有着攻防的含义，在进行学校武术训练活动的过程中，教师可以对武术动作的攻防含义进行讲解、分析，帮助学生加深对武术动作的了解与掌握程度，使其获得良好的武术训练效果。

4. 科学规划武术训练的时间与强度

开展学校武术训练的最终目的是帮助学生形成武术运动的兴趣，同时也是当代学校体育教学的有机组成。学校武术教学与武术训练之间有着相辅相成的作用，将两者有效结合，才能有助于推动学校武术的长远发展以及学生素养的提高。

武术训练涉及的内容比较复杂、多样，并非一朝一夕就能使学生学会。对此，对武术训练的时间与强度进行科学规划尤为重要，除了结合统一大纲的安排，还应根据武术训练的时间进行合理规划，并把握武术训练的强度，让学生获得最佳的训练效果。

5. 完善学校武术训练组织的形式

在社会不断发展的背景下，人民群众对于身体健康更加关注，健康意识逐渐增强，并且参与运动健身的热情日益提高，武术就是一种比较好的健身运动形式。

通常来说，武术运动不受性别与年龄等方面的限制，且有着较好的普及性。当代学校体育教学中融入并丰富武术训练的内容，可以进一步强化学生身心健康，在潜移默化中传播中华民族精神，立足于最为广泛的基层推动武术文化发展。

学校开展体育活动需要大量的资金作为保障，所以应引起有关部门的支持，投入大量的资金可以改善训练场地以及师资力量等，促进学校武术训练的迅速推行。

二、民族体育融入宁夏回族自治区学校体育训练的案例

通过选取宁夏回族自治区学校民族体育融入学校体育训练的现状，

进行了详细分析。

（一）宁夏回族自治区学校民族体育训练的现状

宁夏回族自治区是少数民族聚居区，其学校民族体育开展的实际情况对于我国民族体育的发展有着重要参考意义。结合有关的调查可以看出，目前的宁夏回族自治区学校民族体育训练中存在着许多问题与不足，主要表现在以下两个方面。

1. 缺乏学科建设

民族体育项目已经成为当代学校教学的有机组成部分，在开展学校民族体育活动的过程中，除了需要重视民族体育项目的技术技能培养，还应重视加强各种训练方式的探索，并进行理论研究，全面促进学校民族体育训练的发展，如果缺乏学科的建设，那么学校民族体育训练也不能获得应有的发展。

国家教育部门规定，各大体院或者师范学校教育系应有计划地创造良好条件，积极举办民族体育师资培训班。但是通过实际调查可以发现，目前，宁夏回族自治区的大多数学校未能专门成立民族体育项目研究机构，学科建设比较落后，不仅对学校民族体育教学造成了影响，同时也在很大程度上限制了学校民族体育训练的发展。

2. 缺乏配套教材

通过调查发现，宁夏回族自治区大多数的学校体育教材中，民族体育章节基本上都是一些初级的武术套路内容，这种形式的教材不仅无法将民族体育项目的多样性以及民族文化特色突显出来，甚至还在较大程度上阻碍了民族体育项目在当代学校中的普及、推广。其中，目前在宁夏回族自治区的一部分学校开设了抢花炮、珍珠球、毽球等民族体育项目，但只有基本的教学大纲与教学计划。

由此我们可以看出，缺乏配套的教材是目前宁夏回族自治区民族体育项目在学校不能广泛开展的关键问题。

（二）宁夏回族自治区学校民族体育训练的策略

1.专业训练基地的设立

借助科学化、系统化的民族体育活动训练，可以增强当代学校学生的运动技能水平，为学生在相关的竞赛活动中取得良好成绩夯实基础。民族体育项目包括校内、校外两种类型，在学校训练中可以适当组织学生进行毽球、珍珠球等单项竞赛，或者此类有着表演元素的运动项目。这种类型的民族体育竞赛活动能够在较大程度上帮助学生丰富课余生活，将学生主动参与民族体育训练的兴趣激发，使学生强身健体；校外竞赛主要是组织学生参与省内举行的民族体育运动会。

在学生们参与学校内的各项竞赛活动的时候，还可以结合实际情况，适当引入拥有广泛群众基础的民族体育比赛，或者在学校中引入高水平的民族体育比赛。

除此之外，学校还需要重视加强民族体育人才的培养工作，遵循可持续发展、实事求是、重点突出等原则，落实有关的政策。

2.学生社团及学术机构的设立

将学校场地、器材等硬件以及人力资源等软件的优势发挥出来，并将此作为依托促进学校民族体育训练的发展，结合学生的兴趣设立民族体育项目学生社团以及学术机构。

学校民族体育训练主要是充实学生的课余生活，并有效推动当代学校民族体育运动的开展与落实。学校民族体育项目教学中设立学生社团能够形成较为稳定的组织形式，并且吸引更多的学生群体积极参与到民族体育锻炼中；并定期举行有关活动。

教师可以在组织、指导等工作中充分发挥自身的优势，帮助学生开展民族体育训练活动。在社团发展成熟后，教师还可以组织学生们走出校门，参与到其他学校或者社会中，对民族体育进行宣传、表演等，扩大民族体育项目的重要影响，吸引越来越多的群体参与到民族体育训练中，真正落实民族体育的推广。

学校民族体育学术机构的设立有利于加深相关的研究以及开展研讨活动，学校可以结合具体的情况，适时举行民族体育项目竞赛活动，并且应重视邀请专业人才参与。

如今，西方近代体育占据着主导地位，并且形成了近代体育文化社会形势，我国的民族体育传承、发展和推广等正在面临着十分严峻的形势，学校是培育人才的重要场所，也是传承中华文化的主要机构，应为民族体育的发展贡献力量。

第七章　民族体育融入学校课余体育活动内容及实施

　　学校课余体育活动通常指的是余暇时间或者早操等进行体育锻炼、比赛等。民族体育活动项目融入学校体育教学中，需要与学校的场地、器材及学生意愿等相结合。对此，在学校教育中融入民族体育项目基本上都与学校校情以及体育活动的特点相适应，并且与实践运作规律有所关联。民族体育与当代学校体育的结合，主要包括开展民族体育教育，积极鼓励、倡导学生在课余时间参与民族体育活动，以及开展相应的民族体育活动等，这些皆为民族体育发展的重要方式。

第一节　民族体育融入学校课余体育活动的原则及形式

一、民族体育融入学校课余活动的原则

（一）地域性及民族性原则

1.地域性原则

我们国家地域辽阔，不同民族之间的地域性差异较为明显，基于不同地理环境的影响，各个民族的生产生活方式以及文化背景等方面都存

在诸多差异。正因如此，造就了我国各具地域特色的民族体育运动项目，充分体现出各民族之间的地理环境对于传统体育及生产方式等影响。例如，内蒙古自治区的人民长时间过着随草迁移的游牧生活，精骑善射，所以渐渐形成了以骑射为特点的赛马、赛骆驼等传统的体育活动。而由于南方的气候比较温和，江河比较多，赛龙舟的活动在该地域常盛不衰。

所以，在民族体育活动开展的过程中，需要结合地域具体情况，组织切实可行的运动项目。

2.民族性原则

与其他形式的运动项目相比较而言，民族体育项目有着鲜明的民族性的特点，所以在开展有关的民族体育活动项目时，应遵循并充分体现出其民族性的特点。

我国有着许多的民族，由于地域、环境以及人文等多种因素的制约、影响，各个民族的文化都体现出了比较鲜明的特点，并且有着比较明显的差异性。这也体现出由于不同文化特点影响着物质、精神及生活等各个层次，从而造就了不同的民族，即"民族性"。我国民族体育着重强调了人与自然之间的和谐共处，并且追求内外合一及身心发展。其中，武术、舞龙及舞狮等是比较有代表性的民族体育项目，此外，在服饰、活动仪式以及风俗等方面，我们国家民族体育活动项目也充分体现出了比较强烈的民族性。

民族体育是民族文化的重要载体之一，通过对民族体育的弘扬、发展，能够积极推动相应的民族文化发展。民族文化有着多元化的特征，可以说，各个民族都有着比较独特的文化内容，具体表现在生活方式以及民族习惯等各个方面的差异性。而民族文化多样化的特征也在无形中造成了各个民族之间的隔阂，并且出现了体育文化、价值观念等多方面的差异性，彼此之间难以快速接受、理解。即便是在全球化发展的社会背景下，虽然体育文化有着明显的同化现象，但是仍然有许多的民族体育文化形式在全球化浪潮之下顽强生存。

（二）健康性、安全性及终身性原则

1. 健康性原则

体育活动开展的主要目的是强身健体、强健体魄，在学校教育中开展民族体育的时候，需要将"健康第一"的指导方针作为基础，进而全面强化学生心理、生理等健康发展。在开展民族体育活动的时候，需要坚持健康性的原则。

2. 安全性原则

在民族体育活动组织、开展的过程中，应将安全性原则作为重要基础，这也是开展各项体育活动的基本前提。一些民族体育项目存在着一定的危险性，那么在开展具有危险性的体育项目时，应将安全作为重中之重，需要引导学生掌握基本的医疗卫生知识，使其熟练应用有关的器材后，再进行体育训练活动。

3. 终身性原则

终身体育是当代学校体育教学中比较重要的思想，应在实施民族体育活动的过程中，积极将这一思想贯彻到底，为了满足学生终身体育的实际需求，应适当向其传授相应项目的基础技能与知识，从而使学生形成良好的运动习惯。

（三）教育性、兴趣性及发展性原则

1. 教育性原则

教育性原则主要是指在开展民族体育活动的过程中，关于教学内容以及教学资源的开发、应用方面，应符合我国的方针政策，从而体现出我国教育培养人才的目标。在实际开展民族体育教学活动的时候，应注重遵循教育性原则，将现代教育精神贯彻，并全面推动学生基本素养的提高，积极促进学生思想以及文化水平等发展，进而帮助学生形成正确的人生价值观念。

2. 兴趣性原则

学生参与体育锻炼活动最基本的动力就是其具备足够的兴趣，所以，应结合不同阶段以及不同水平学生的兴趣特点，科学选择体育活动的形式与内容，使学生能够在愉悦的身心状态下参与体育锻炼活动，使学生自身的技能能够在兴趣的支撑下不断强化。与此同时，使学生养成热爱体育运动的精神，促进学生综合发展。

3. 发展性原则

发展性原则主要是指以体育活动的开展，全面促进学生身心健康成长。目前，新的体育课程标准中提出了四个目标，即运动参与、运动技能、体能与身心健康、社会适应，这四个目标的基本思路都是推动学生身心健康的同步发展。

想要实现学生的全面发展，应在体育活动中重视以下两个方面。

（1）基于学习、掌握体育运动技能，以及增强身体素质、体质水平的前提，进一步促进心理健康发展以及良好品格形成，更应注重培养德、智、美，强化学生社会适应能力。

（2）在体育活动内容的选择方面，应适当重视体育运动为自身所带来的社会价值以及心理价值等。

（四）全面性、差异性及针对性原则

1. 全面性原则

体育活动全面性原则重点是指借助体育活动的开展全面促进学生德、智、体、美、劳发展，具体而言是能够使学生自身的身体形态及心理品质等全面得到发展，应注意以下两点。

（1）尽可能选择能全面影响身体的体育项目。

（2）在参与体育活动的过程中，学生应将某一个项目运动作为主要，以其他锻炼项目作为辅助。

2. 差异性原则

因为多种因素的影响，导致学生之间的个体差异比较明显，所以在开展体育锻炼活动的过程中也应体现出差异性，应做到因地制宜，避免出现运动损伤。

具有针对性的体育运动应做到以下两个方面。

（1）在民族体育锻炼的目标确定中应确保符合学生实际情况，从而满足不同学生的需求。

（2）应对学生的情况以及个体特点进行深入分析，使学生能够清楚自身对于民族体育的认知程度，并根据自身情况找出合适的锻炼项目、内容，合理把控运动负荷强度。

3. 针对性原则

在锻炼身体的过程中应坚持针对性原则，结合自身的实际情况以及以外界环境条件的实际情况出发，明确锻炼的主要目的，并选择适宜的运动项目，合理、科学安排运动的时间与负荷，这是有效增强身体素质并提高运动效果应遵守的基本原则。

（1）立足于自身的实际情况，因为性别、体质、年龄等各方面的差异，体育活动应从立足于自身的实际情况，有目的性地选择、确定运动项目及锻炼方式等，并合理安排锻炼的时间，科学把控运动负荷。在每一次参与锻炼活动之前，应评估自身的健康状况，从而使运动的强度能够符合自身身体承受水平。

（2）立足于外界的环境条件，在参与民族体育活动的过程中，应充分考虑到季节、气候、场地等外界环境条件，按照比较科学的方式选择运动项目、时间等，进而取得良好效果。

（五）积极性、经常性及渐进性原则

1. 积极性原则

无论是参与哪种形式的体育锻炼，都需要保持充足的自觉性、积极性，进而取得良好的锻炼目的。学生需要提升对民族体育的认知，将民族体育作为日常生活当中比较关键的一部分，这样才能够更好地进行锻炼。在实际生活中，一些人参与体育锻炼主要是为了身体的生长发育，有一些人参与体育锻炼则是为了缓解紧张的情绪与压力，还有一些人参与体育锻炼是为了提高意志品质。只有充分明确锻炼的目的，在实际运动的时候才能更加有积极性。

2. 经常性原则

在参与民族体育锻炼活动的时候，应以经常性原则为基础，使其成为生活中比较重要的组成部分。只有经常参与体育锻炼活动，人体的各项机能才能够逐渐适应运动，进而有效提升运动机能。假如不经常参与锻炼活动，那么则容易失去累积性的影响作用，所以运动效果比较小，甚至无法起到应有的作用。与此同时，形成运动技能，以改善人体结构、机能等，均在一定程度上受到了生物界"用进废退"的制约，经常

性保持锻炼，才能确保身体锻炼的效果不会消退。

3. 渐进性原则

渐进性原则主要是指在体育锻炼中应做到循序渐进，这主要是由体育锻炼客观因素所决定。

循序渐进原则指的是结合人对于事物的认知规律、动作技能等，对民族体育锻炼的内容、方式等由小到大、由易到难逐步进行。如果不能遵循循序渐进的原则，在实际的体育运动中盲目加大或减少运动量，则容易造成诸多不良的影响。鉴于此，在参与民族体育项目锻炼的过程中，需要学生将动作由易到难，运动量由大到小，围绕渐进性原则。除此之外，还需要结合年龄、性别等综合素质水平，因人而异安排练习内容，进而取得良好的锻炼效果，具体为以下三个方面。

（1）学生需要从年龄、性别等特征出发，遵循系统性与连贯性的要求，对民族体育锻炼内容与负荷安排的顺序进行科学规划，基于牢固掌握知识、技能的前提下，逐步获得提高与发展。

（2）民族体育锻炼中，在选择具体锻炼内容的时候，应深入考虑运动项目技能形成的顺序。

（3）应有节奏地逐渐提高生理负荷，采取波浪式的、有节奏的手段提高生理负荷，当身体能够完全适应某一运动负荷后，再逐渐提高。尤其是在后一次体育锻炼的生理负荷应安排于体育锻炼之后的超量恢复水平之上，并且生理负荷总趋势应是逐渐提高的。

二、民族体育融入学校课余活动的形式

（一）学校全民健身运动会

我们国家当代学校都应积极举办不同形式的全民健身运动会，并在运动会中融合各个民族的舞蹈或者歌曲等，并结合本土情况设置民族体

育项目，如珍珠球、毽球、雪地跑、押加、蹴球等。

（二）学校民族体育项目俱乐部

在大多数的学校中都有着多种形式的俱乐部，学生们可以结合自身的兴趣加入俱乐部，并且学生在俱乐部中进行自主管理比较自由，有着较强的娱乐性。学生们可以从自身的兴趣及特长出发，创建相对应的民族体育俱乐部，通过加入俱乐部，他们不仅能够学习运动项目的技术动作，还可以深入体验、感知民族文化，在进行体育锻炼的同时提高自身素养，并传播民族文化。

教师应给予学生及时的引导与帮助，从而使学生组织、建立俱乐部，帮助学生真正体会体育运动的快乐。

（三）学校民族体育文化节

随着民族体育融入当代校园，其逐渐成了体育教学中比较重要的内容部分，举办有关的民族体育文化节可以在较大程度上推动民族体育文化的传播、发展。

学校在开展民族体育文化节的时候，应将学生作为主体，教师作为主导，在学校范围之内开展，并积极运用好学生的课余时间。学校民族体育文化节包括多方面的内容，不仅涉及了集体与个人运动比赛项目或者表演类项目，同时也有着相应的展览活动，吸引学生积极参与其中。通过开展学校民族体育文化节，促使学生更加深入地了解民族体育文化，使其学会保护、继承民族体育。

学校文体活动是一种有效促进民族体育文化在校园传播的渠道，学校应巧妙借助民族体育文化节，帮助学生们了解民族文化，促进民族之间的互通，增强民族意识。

（四）学校民族体育单项竞赛

开展单项比赛相对来说比较简单，且时间较短、规模较小，但是观赏性较强。学校应结合当地的环境特点、资源优势等，积极开展一系列民族体育单项竞赛活动。例如，在东北地区积极开展珍珠球、蹴球、秋千等运动。单项体育竞赛与运动会有所不同，其开展的形式相对比较简单，具有一定的灵活性。

（五）学校多元化的民族体育活动

学校开展多元化的民族体育活动主要包括大课间、早操及课余体育活动等。

第二节　民族体育锻炼

课余民族体育锻炼主要是指学生能够在余暇时间内参与体育锻炼活动，分为个人、集体形式，内容的变化性比较大，且不受场地、器材以及地点等限制。

一、民族体育锻炼的基本方式

学生在参与民族体育锻炼的时候，其锻炼的形式与方法是多种多样的，可以结合实际需要采取对应的方式，具体来说，基本的锻炼方式有以下七个方面。

（一）游戏锻炼方式

参与体育运动的人数较多时，可以采用游戏锻炼方式，游戏锻炼方式主要是指采取游戏活动的形式进行身体锻炼，目的是提高积极性与兴奋感，这种锻炼的方式趣味性较强，可以使学生积极参与进来。与此同时，学生在参与游戏活动的时候，其能够保持愉悦的心情，帮助学生缓解学习的压力，锻炼其身体素质。在采取游戏锻炼方式的时候，运动量可以结合学生的实际情况进行调整。

（二）竞赛锻炼方式

竞赛锻炼方式也是民族体育教学中比较常见的一种手段，通过设置有关的规则与目标，在运动中为学生们营造紧张的氛围，并且借助竞赛使学生们形成一定的竞争关系，帮助其全身心投入运动锻炼之中，进而获得运动技能以及身体素质等方面的提高。在竞赛环境之中，学生能够充分被调动积极性，对其心理素养的培养大有裨益。此外，在竞赛锻炼中，学生能够相互进行交流与学习，实现共同进步。在现代运动训练之中，竞赛锻炼的方式是较为常用的。

（三）重复锻炼方式

由于重复次数有所不同，所以对于身体的作用也存在着不同。重复的次数越多，身体对于运动反应的负荷量越大。在不断重复锻炼动作的时候，身体素质以及运动技能能够得到一定程度上的提高，但是在进行重复锻炼的时候，应避免重复的次数过多，从而导致机体承受着较大的运动负荷，不利于身体健康发展。

（四）间歇锻炼方式

间歇锻炼方式比较注重控制锻炼之间的间歇，从而起到良好的锻炼效果。根据科学研究可见，在运动间歇中能够实现人体机能的提高，在休息时出现了超量恢复，从而增强了体能。许多人比较重视健身锻炼，从而忽视了运动的间歇休息，大大影响了锻炼效果。

同重复锻炼方式，间歇的时间调节应将符合的有效价值标准作为依据。通常来说，负荷反应的指标低于有效价值标准的时候，应适当缩短间歇的时间，但在高于价值标准的时候，则应适当延长间歇的时间。借助适当的间歇，能够将负荷量调节至负荷的有效价值范围之内，以期达到良好的体育锻炼效果。

（五）变换锻炼方式

变换锻炼方式能够帮助学生调节生理负荷，提高其在锻炼过程中的兴奋感，增强其锻炼意志。

在实际的运动锻炼中，不断对锻炼内容、时间等方面提出新要求，能够有效对生理负荷进行调节，从而使机体发生变化，进一步帮助学生实现锻炼目的。

（六）附加条件锻炼方式

在学生参与民族体育锻炼的过程中，通过附加条件锻炼方式能适当增加难度，强化学生的体育锻炼效果。

（七）特殊规则锻炼方式

特殊规则锻炼方式在教学的过程中也比较常见，学生在锻炼的时候可以结合实际需要改变运动的规则，增强运动锻炼的难度与趣味。在民族体育锻炼中，特殊规则锻炼方式能促使学生纠正自身问题，帮助其不断提升自我，达到教学目的。

二、民族体育锻炼运动处方的制定与实施

最初，运动处方是体育医疗的一种措施，运动处方主要是指针对个人具体身体情况制订的一种锻炼计划。结合对锻炼者的测试结果来看，按照锻炼者的身体健康状况、体力情况等，用处方的形式制订恰当的运动类型、强度等，能够促使锻炼者更加有计划性、目的性、科学性、周

期性的运动，是一种良好的指导方案。

（一）制定民族体育锻炼运动处方的内容

1.运动目的

运动目的也就是结合个体情况确定目标，具有主观、客观两重性，主要分为以下四个方面。

（1）促进人体生长发育。

（2）延缓衰老，强身健体。

（3）调整心理，丰富业余生活。

（4）学习运动技能，强化竞技水准。

2.运动类型

为了全面达到锻炼身体的良好效果，健身运动的处方主要包括以下三种类型。

（1）有氧耐力性运动。有氧耐力性运动主要是为了改善、提高人体的有氧工作能力以及机体耐受力，这类运动有跑步、舞蹈、球类运动等。

（2）力量性运动。抗阻力量性运动是一种以增强力量、改变形体为关键的运动，扎马步、摔跤等属于民族体育力量性运动项目。

（3）柔韧性运动。伸展柔韧性运动是一种以改善身体柔韧性为主，调节呼吸节奏的运动形式，各种形式的养生气功属于这一类型运动。

3.运动强度

运动强度指的是人体在运动过程中，单位时间移动的速度、距离，或者肌肉单位时间所做的功。运动强度主要分为绝对运动强度以及相对运动强度。运动强度能否达到恰当标准，直接对练习者的安全以及练习的效果产生着影响。因此，应按照个人的特点，对锻炼过程中达到适应的强度作出规定。

4. 运动时间

运动时间指的是锻炼者持续参与体育锻炼的时间，每次运动中需要的时间应结合运动强度、运动目的等诸多因素而定。参与体育运动的时间应结合自身健康水平而定。

5. 运动次数

通常来说，运动次数指的是锻炼者在每周所参与的体育锻炼次数，当然，并非锻炼的次数越多越好，而是应注重每次锻炼的质量，在安排锻炼次数方面应量力而行。

6. 注意事项

在每一次参与锻炼之前，应做好充分的准备活动及整理活动，从而使机体能够适应锻炼的需求，避免不必要的损伤。在运动之后不宜即刻坐下或者躺下，而是应通过走步、做身体活动等方式积极进行休息，从而避免引起身体的不适感。除此之外，在运动之后不能立即饮用冷水、游泳，或者吃生冷的食物等。

（二）制订民族体育锻炼运动处方的步骤

1. 诊断机体体能

（1）健康调查。为了充分了解锻炼者的身体状况以及运动情况，应及时采取健康调查方式，并初步评价其健康状况，具体内容如下：①询问锻炼者的健康状况及病史；②了解锻炼者的运动史；③了解锻炼者参与运动的目的；④了解锻炼者的社会环境条件。

（2）运动试验。运动试验是有效对锻炼者的心脏进行评定、制订运动处方的重要依据，一般情况下，运动试验内容以心肺功能为主，从而进行安静及运动状态下的检测。

（3）体力测试。体力测试主要是对锻炼者的身体素质进行检测，包括锻炼者身体各部分的力量、速度等素质。在实践活动中，为了便于对锻炼者的评价，经常需要整理受试群体的较大样本指标，从而明确锻炼者的各项指标，确定其层次。

2. 设置锻炼目标

设置锻炼目标是制订运动处方的主要步骤，设置目标应因人而异。因为每一个人的身体状况有所不同，且锻炼的具体目的各不相同，所以，运动处方目标应体现出个人差异。除此之外，同一个人在不同时期的运动处方目标也存在着一定区别，应体现阶段性特征。

总而言之，设置锻炼目标应注意以下三点。

（1）确立可行的锻炼目标。锻炼目标的确立应基于锻炼者的实际情况进行充分考虑，从而使锻炼者能够通过努力实现锻炼目标，以免导致锻炼者无法实现目标而气馁。同时还应设置体能维持目标，促使锻炼者坚持终身锻炼。

（2）以书面形式写出目标。在设定锻炼目标之后，应将其以书面的形式写出来，将目标置于随时能看到的地方，提醒锻炼者持续锻炼。

（3）锻炼目标应有预见性。在实施具体的运动处方之前，锻炼者应正确认识到在锻炼的过程中可能会出现的种种困难，并且应树立起坚持锻炼的观念，清楚认识到应积极朝着目标努力的道理。

除此之外，对运动处方中的锻炼目标应进行定期评估，在必要的情况下可以适当调整目标。

3.选择运动模式

运动方式、强度、时间及频率是运动模式中的主要部分，且是运动处方的四大要素。

（1）运动方式。有氧耐力运动、伸展运动与健身操、力量性锻炼是现代运动处方的运动形式，学生应在运动锻炼活动中，根据自身的锻炼目的选择有针对性的项目，科学指导运动处方。

（2）运动强度。运动强度主要是指在单位时间内完成一定的运动量，是运动负荷的重要方面，对于锻炼者的机体影响比较大，是影响运动处方效果的重点。因此，应结合不同学生的运动能力，以个性化作为原则，对运动强度作出科学安排。

通常，在运动处方中，运动负荷应结合不同人的心率以及自感用力度等进行监测。一般而言，运动强度的安排应适中，不能过高，也不能过低，使学生能通过努力实现。

（3）运动时间。运动时间指的是每次运动所持续的时间，在达到运动处方强度以后应保持的时间，应根据个人体质确定运动时间的长短。

个体参与体育锻炼的效果主要由总的运动量决定，即由运动强度与运动时间配合而决定。

需要值得注意的是，虽然运动强度以及运动时间能够决定运动总量，但是当运动强度是最小阈值，又要达到增进有氧适应能力的目的时，运动的持续时间成了决定锻炼效果的重要因素。

（4）运动频率。运动频率与机体之间的有氧适应能力有着一定关联，对于体能素质相对来说较差的学生来说，随着运动强度及运动持续时间的增加，应继续改善有氧适应能力，增加运动频率。

4.明确注意事项

运动注意事项是运动处方中比较重要的部分，不同的运动处方对象的运动注意事项有所不同，具体如下。

首先，应做好有关的准备活动，在参与运动之前，做好肌肉与关节的伸展。在运动过程中，应逐步增加强度。

其次，应在运动处方制订、实施的过程中，注重做好自我监控，观察处方所引起的生理反应，并结合观察结果适时修改、调整运动处方，便于学生找到最适宜的运动处方。

最后，锻炼结束阶段，需要锻炼者做出短时间的恢复活动，目的则是使锻炼者避免出现血氧低而导致头晕、昏倒的现象，并帮助锻炼者消除肌肉酸痛，减少其运动后的不良反应。

（三）民族体育锻炼运动处方的实施

可以将运动处方的实施过程分为准备阶段、实施练习阶段及整理阶段，并注重自我监控。

1. 运动处方的基本阶段

（1）准备阶段。提前做好充足的准备活动，从而使身体各项机能能够从相对安静的状态之下转变至较为适宜强度的运动状态，并且为后续的深入练习做好充分准备工作。

（2）实施练习阶段。这一阶段主要是指通过运动处方的实施，使身体能够维持在相对较高的机能状态之下持续进行运动的锻炼过程。

（3）整理阶段。在整理阶段做有关的活动，使身体机能能够从剧烈的运动状态恢复至安静状态的过程。

2. 实施运动处方中的自我监控

在实施具体的运动处方时，锻炼者应进行自我监控，确保运动处方能够与自身的身体状况相适应，进而取得良好锻炼效果，自我监控包括心率自我检测、主观强度感觉。

三、民族体育锻炼方法的选择

（一）参考体育教学的目标

在参与课余体育锻炼的时候，学生可以参考相应的体育教学目标，选择对应的体育锻炼方式，在有效实现教学目标的同时，也能够在无形之中实现自身健康发展。

如今，许多民族体育项目走进了校园，成了当代学校体育教学的主要内容，学生可以积极利用课余时间，进行传统体育项目的锻炼，不局限于体育课堂的学习。

（二）参考学生的具体情况

在民族体育锻炼活动中，由于学生的性别、体制等差异，以及学生参与锻炼时的目的不同，学生需要充分结合自身的具体情况科学选择最为合适的方式进行锻炼。

虽然传统体育项目较多，但是并非所有传统体育项目都是适合所有学生的，所以需要学生结合自身的实际情况，选择合适的运动项目，并按照相应的方式积极锻炼。

（三）参考学校与地区的环境

在实施民族体育运动项目锻炼的过程中，离不开相应的物质与环境基础，从而促进体育锻炼的顺利进行。许多民族体育项目运动都需要对应的器材，如毽球、跳绳等。除此之外，在开展民族体育运动的过程中，学校还应重视为学生构建良好锻炼氛围，鼓励学生积极参与民族体育锻炼，进而强化学生主动性。

第三节　民族体育竞赛

课余民族体育竞赛主要是指学生参与校内与校外所举办的民族体育项目运动活动。

一、学校开展民族体育竞赛的价值

（一）增强体质

通过开展民族体育竞赛活动，能够实现增强人们身体素质的目的。民族体育比较注重人的综合发展，以肢体方面的活动以及自身呼吸的调整，最终能够实现身心合一的目标，进而取得良好的健身功效。由此可见，强身健体是民族体育的主要价值，对于人体发展有着良好功能，同时，许多民族体育项目都是由民间的游戏演变而来，娱乐性比较强，通过参与民族体育竞赛，能够使人保持身心愉悦。

（二）文化教育

民族传统体育属于民族文化中的重要组成部分，深深影响了人们的价值观、道德观等，可以看出，民族体育具有一定的文化教育价值。自中华人民共和国成立以来，学校教育逐渐重视民族体育的教育价值，使得民族体育在学校中获得了较快的发展。随着我国体育教育事业的高速发展，人们对于民族体育的重要性有了更加透彻的认识，并且逐步深入研究了民族体育文化的价值。

（三）凝聚民族精神

在我国的民族体育项目中许多都与传统节日或者历史人物等有关，

通过举行民族体育活动，能够在极大程度上促进人们团结、凝聚民族精神。

我国许多民族体育项目均是通过集体的形式进行的，除了要求参与者能够具备较强的竞争心理，还需要其具备较强的集体荣誉感。对此，通过参与民族体育活动能够有效培养人们团结协作的精神，提高人们群体意识，凝聚民族精神。

（四）发展社会经济

中华民族体育的资源比较丰富多样，体现出了较强的地域性、广泛性等特点，借助民族体育资源建立本地域特色经济，对于促进民族地区经济发展有着重要价值。

此外，开展民族体育运动能够推动体育人口数量的增长，强化人们健康观念意识，使其以更加积极、主动的情绪和心态参与体育锻炼，进而推动我国经济发展。

（五）稳定社会政治

在当今社会，民族体育促进社会政治的稳定有着重要价值，随着社会的高速发展，人们所面临的社会压力逐渐增大，导致一些人染上了不良习惯，为社会的稳定带来了诸多隐患。加强开展民族体育的力度，可以强化个体的健身意识，缓解个体在社会生活中的压力，避免不良习惯的养成。

与此同时，人们通过参与民族体育文化活动，能够保持愉悦的身心状态，形成良好社会风气，并且能够使人的精神面貌大大提高，确保社会稳定发展。

二、学校开展民族体育竞赛的情况

（一）学校开展民族体育竞赛的频次

经过有关的研究调查发现，当代学校每年举行 2 ～ 5 次的民族体育竞赛活动，因为参与竞赛是一种集体式的活动，报名的人数有所限制，在集体与规程的约束之下，一部分学生能够踊跃报名参加，而一部分学生则是被动参加竞赛。

（二）设置学校民族体育竞赛项目

设置学校民族体育竞赛项目应突出一定的规律性，基于大环境的角度上来看，其具有地域特色以及民族特色，基于小环境的角度上来看，其以学校人群结构、师资擅长、人群爱好等为主。

（三）参与民族体育竞赛的方式

参与民族体育竞赛分为直接方式、间接方式，直接方式主要是指竞赛报名参赛者，间接方式主要指的是观看者。直接参与的方式能够有效促进人体素质的健康发展，间接参与的方式能够保持身心愉悦，促进人们的直接参与，增强直接参与的氛围。

三、学生参与民族体育竞赛的影响因素

经过对大多数不参与民族体育竞赛的学生进行调查可见，其不参加民族体育竞赛的主要原因是缺乏相关的知识，虽然对技术有所了解，但是无法全面掌握。以上均为当代学校民族体育教学中所出现的共性问题，因为民族体育在当代学校中的融合并未做到同现代体育活动一样制度化、规范化，导致一部分学生缺乏对民族体育竞赛的兴趣，对于民族体育技能方式缺乏了解及掌握，甚至一部分学生认为没必要参与民族体育活动。

学校应积极组织多种民族体育竞赛活动，创设适应民族体育活动的俱乐部形式，借助体育竞赛活动融入民族体育元素，开展有关的项目，满足学生实际需求，为学生提供参与民族体育活动的空间。除此之外，还应重视强化对学生的民族体育指导，这样一来，才能够吸引大多数的学生参与民族体育竞赛活动。

第四节　民族体育融入学校课余体育活动的案例

一、西北地区民族体育融入学校课余体育活动

根据西北地区民族体育融入学校课余体育活动的实际情况来看，新疆维吾尔自治区、宁夏回族自治区和陕西省开展民族体育活动的现状良好，并且许多学校融合了多种多样的民族体育活动形式。西北地区诸多学校都是民族传统项目基地，有效带动了民族体育的发展，体育项目充分体现出了地域与民族特色，西北地区民族体育融入学校课余体育活动项目如图 7-1 所示。

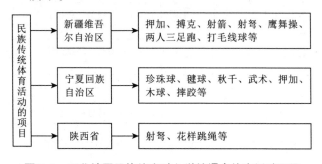

图 7-1　西北地区民族体育融入学校课余体育活动项目

二、西南地区民族体育融入学校课余体育活动

总的来说，民族体育活动融入当代学校教育并没有明确、具体的硬

性安排，西南地区的云南省和贵州省的民族体育活动在学校课余体育活动的开展情况良好，且有着许多的学校积极融入了民族体育。此外，西北地区体育活动主要参与的民族众多，推动了传统文化互通，西南地区民族体育融入学校课余体育活动项目如图7-2所示。

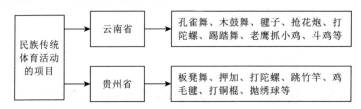

图7-2　西南民族体育融入学校课余体育活动项目

三、东南地区民族体育融入学校课余体育活动

东南地区民族体育在学校课余体育活动中融入现状较好，包括浙江省、广东省、广西壮族自治区的一些学校，主要参与体育活动的民族众多。其中，广西壮族自治区的少数民族众多，民族体育活动有着一定的群众基础，能进一步推动民族体育发展，东南地区民族体育融入学校课余体育活动项目如图7-3所示。

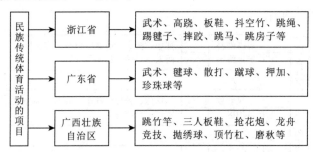

图7-3　东南地区民族体育融入学校课余体育活动项目

四、东北地区和内蒙古自治区民族体育融入学校课余体育活动

东北地区和内蒙古自治区民族体育融入学校课余体育活动良好的学校包括吉林省前郭尔罗斯蒙古族自治县。在县里的小学中，将推广蒙古

族舞蹈——安代舞作为课间操，受到了广大师生的青睐与喜爱。体育活动主要参与的民族众多，主要包括满族、蒙古族等。黑龙江省学校融入民族体育主要是达斡尔族中学、朝鲜族中学等。内蒙古自治区也有一些学校开展了民族体育活动。经过对有关调查数据与结果的分析可见，东北地区、内蒙古自治区中，民族体育融入学校课余体育活动的情况较好，且形式丰富多样，能够帮助学生形成良好的民族体育精神，东北地区和内蒙古自治区民族体育融入学校课余体育活动项目如图7-4所示。

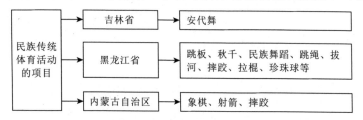

图7-4　东北地区和内蒙古自治区民族体育融入学校课余体育活动项目

参考文献

[1] 邓以华，姚仲凯，赵辉.民族传统体育与项目教学研究 [M].北京：新华出版社，2014.

[2] 刘从梅.民俗体育与民俗体育文化 [M].南昌：江西高校出版社，2019.

[3] 张潇潇，蒋旭军，李军.体育教学理论与实践解读 [M].北京：新华出版社，2018.

[4] 陆宇榕，王印，陈永浩.体育文化与健康教育探究 [M].北京：新华出版社，2018.

[5] 薛欣.我国高等民族传统体育教育发展研究 [M].北京：北京体育大学出版社，2015.

[6] 孟稳.传统体育项目近代学科化建设研究 [D].南京：南京体育学院，2022.

[7] 罗世强.少数民族地区民族文化融入综合实践活动课程的评价指标体系建构与应用研究 [D].大连：辽宁师范大学，2022.

[8] 张俊杰.民族传统体育与学校教育耦合发展机理及路径研究 [D].兰州：西北师范大学，2022.

[9] 贾若楠.高校民传散打课程思政元素挖掘与融入设计 [D].石家庄：河北师范大学，2022.

[10] 朱彤.民族传统体育人才"体教融合"培养模式的探索与实践 [D].重庆：西南大学，2022.

[11] 宋证远，杨丽芳.建构主义视域下民族传统体育与高校体育课程融合的

哲学阐释 [J]. 南京体育学院学报，2022，21（11）：77-80.

[12] 孙嘉政，吕强国.“立德树人”视阈下民族传统体育与学校体育教育融合策略探析 [J]. 武术研究，2022，7（11）：94-96.

[13] 黎年茂，龙艳，谢集兴，等. 民族团结进步视阈下民族传统体育校本课程实践路径研究 [J]. 武术研究，2022，7（11）：105-108.

[14] 于善，张文婕，张佳茹，等. 学科交叉融合视角下我国民族传统体育学知识结构特征研究 [J]. 体育学研究，2022，36（6）：69-77.

[15] 周雪华，罗君波. 民族传统体育课程思政建设：学理逻辑、现实困境与实践进路 [J]. 湖南科技学院学报，2022，43（5）：130-133.

[16] 林晓群. 民族传统体育文化遗产保护对策探析 [J]. 当代体育科技，2022，12（30）：124-127.

[17] 李玉文，白晋湘. 新发展阶段中华民族传统体育的时代机遇与路径选择 [J]. 体育文化导刊，2022，244（10）：57-64.

[18] 张鹏程，孟峰年. 民族传统体育与体育教育耦合发展研究——基于《〈体育与健康〉教学改革指导纲要》背景 [J]. 武术研究，2022，7（8）：105-108.

[19] 陈兵. 民族地区高校体育院系民族传统体育课程设置研究 [J]. 体育科技，2022，43（4）：104-106.

[20] 闫智惠. 新时代民族传统体育促进体教融合的路径研究 [J]. 当代体育科技，2022，12（22）：151-154.

[21] 梁湘琼，邓罗平. 文化自信背景下民族传统体育文化元素融入体育课程路径研究 [J]. 体育科技，2022，43（3）：108-110，113.

[22] 陈丽. 民族传统体育项目在高职校园体育中的发展策略分析 [J]. 中国多媒体与网络教学学报（中旬刊），2022（6）：99-102.

[23] 朝日格图. 略论民族传统体育文化的变迁、传承与发展 [J]. 文化创新比较研究，2022，6（14）：129-132.

[24] 丁文明，刘传勤. 民族体育进校园的价值再认识及策略分析 [J]. 武术研

究，2022，7（4）：72-74，77.

[25] 马全祥."民族传统体育进校园"的时代价值、现实困境与改进路径 [J].
教育观察，2022，11（11）：63-65，88.

[26] 阳忠诚.高职教育中民族传统体育文化传承困境及破解路径探讨 [J].湖
北开放职业学院学报，2022，35（6）：116-118.

[27] 曾秀霞，吴焱军，许剑.民族传统体育在高校体育教学中的引入与传承
研究 [J].当代体育科技，2022，12（9）：132-135.

[28] 韩春涛，吴万勇，何碧晶，等.民族传统体育项目在高中体育教学中的
挖掘与教学创新 [J].体育科技文献通报，2022，30（2）：168-171.

[29] 张华，武启祥.加大投入　加强扶持　促进少数民族文化教育体育事业
繁荣发展 [N].中国民族报，2015-10-09.

[30] 刘延旭，王宏月.以民族体育赛事引领全民健身新风尚 [N].中国民族报，
2015-04-21.

[31] 李睿劼.办好民族体育盛会 推动民族工作创新发展 [N].中国民族报，
2014-08-19.

[32] 宋澎.政策保证让民族体育之花绽放 [N].工人日报，2012-10-13（008）.

[33] 林国鹏.民族教育视域下高校民族体育教学改革的策略探讨 [J].体育世
界，2023（5）：23-25.

[34] 林国鹏.文化自信视域下高校民族传统体育文化发展的策略探讨 [J].体
育画报，2023（7）：14-16.

[35] 林国鹏.高校民族传统体育教学中人文精神的培育策略探讨 [J].灌篮，
2022（21）：56-58.

[36] 林国鹏.关于民族传统体育与高校体育教育的有机结合策略探讨 [J].运
动－休闲，2023（3）：163-165.